况秀猛出生时的小木屋。摄于江西南昌安义县龙津镇台山村打鱼况家

1999年,况秀猛获得京瓷美国最佳雇员奖,应邀参加京瓷40周年纪念活动,和京瓷创始人稻盛和夫先生合影。摄于美国圣地亚哥

2008—2010年,况秀猛连续三年获得"圣地亚哥最受尊重的CEO奖"。2012年7月12日参加圣地亚哥市长招待会,与市长杰瑞·桑德斯合影

2008年11月、2012年10月，况秀猛两次获得国际微电子封装学会颁发的President's Award；2014年9月，再次获得该学会会士奖（Fellow of the Society）

2013年5月16日，况秀猛站在白宫领奖台上。左一为罗兰蒂·贝茨，人称"美国小企业科技创新之父"，白宫创新奖以他的名字命名。左二为卡伦·米尔斯，美国小企业总署署长。摄于白宫西翼大礼堂

2013年8月，托利山科技有限公司自主设计制造的三辊研磨机获得金桥奖金奖，同时获奖的企业有苹果、思科、谷歌等

2015年10月，况秀猛应美国扶轮社圣地亚哥分社邀请，进行创业教育演讲。与该社社长朱迪·班贝斯女士合影

创业真经
从白手起家到明星企业

(美)况秀猛　张佳茵　韩方 [著]

胡昱　马敏鸿 [译]

金涛 [译校]

山西出版传媒集团
山西人民出版社

图书在版编目（CIP）数据

创业真经：从白手起家到明星企业／（美）况秀猛，（美）张佳茵，（美）韩方著；胡昱，马敏鸿译.--太原：山西人民出版社，2015.12
　ISBN 978-7-203-09426-5

Ⅰ.①创… Ⅱ.①况… ②张… ③韩… ④胡… ⑤马… Ⅲ.①企业管理—通俗读物 Ⅳ.①F270-49

中国版本图书馆CIP数据核字（2015）第295180号
著作权合同登记号 图字：04-2015-041

创业真经：从白手起家到明星企业

著　　者：	(美)况秀猛　(美)张佳茵　(美)韩方
译　　者：	胡昱　马敏鸿
译　　校：	金涛
责任编辑：	傅晓红

出 版 者：	山西出版传媒集团·山西人民出版社
地　　址：	太原市建设南路21号
邮　　编：	030012
发行营销：	0351-4922220　4955996　4956039　4922127（传真）
天猫官网：	http://sxrmcbs.tmall.com　电话：0351-4922159
E-mail：	sxskcb@163.com　发行部
	sxskcb@126.com　总编室
网　　址：	www.sxskcb.com

经 销 者：	山西出版传媒集团·山西人民出版社
承 印 厂：	大厂回族自治县德诚印务有限公司

开　　本：	889mm×1194mm　1/32
印　　张：	7.75
字　　数：	151千字
印　　数：	1-8000册
版　　次：	2016年1月第1版
印　　次：	2016年1月第1次印刷
书　　号：	ISBN 978-7-203-09426-5
定　　价：	38.00元

如有印装质量问题请与本社联系调换

目 录
CONTENTS

前　言：从乡村土屋到白宫颁奖典礼 / 1

自　序：在"互联网+"时代，更需要脚踏实地的创业者！/ 1

序 1：一本创业者的宝典 / 1

序 2：知识改变命运　创业成就辉煌 / 3

秘诀 1　信誉带动销售——如何建立自己的信誉 / 3

秘诀 2　客户、客户、客户——销售的终极秘诀 / 11

秘诀 3　有问必答，来者不拒 / 23

秘诀 4　分清客户所想和所需——弄清问题背后的故事 / 33

秘诀 5　预料客户的需求，与客户保持开放式的对话 / 41

秘诀 6　正面引导：提问是个技术活　问对问题事半功倍 / 55

创业真经
从白手起家到明星企业

秘诀 7　无效沟通：麦琪的礼物 / 69

秘诀 8　与客户的幕后者谈判 / 81

秘诀 9　购买决策——如何克服高情感障碍 / 93

秘诀 10　克服优越感情结 / 99

秘诀 11　价格与价值 / 111

秘诀 12　最低成本和最大利润可以共存 / 121

秘诀 13　坚持双赢 / 129

秘诀 14　危机管理——如何将挑战变为机遇 / 141

秘诀 15　灾难与创新 / 151

秘诀 16　错误与创新 / 161

秘诀 17　打造冠军团队 / 169

秘诀 18　麦克马斯特难题——人们总是下意识地回避困难 / 183

秘诀 19　撰写能拿到钱的项目申请书 / 197

秘诀 20　要求更少，获得更多 / 211

附　录：创业教育，传授的不只是梦想 / 224

后　记 / 228

前言
FOREWORD

从乡村土屋到白宫颁奖典礼

况秀猛的创业之始可谓异常艰难。他出生在中国江西的一个农村家庭,家中共有5个孩子,第一次做生意的经历是向路人贩售父亲抓来的鱼。

况秀猛相信美国梦的承诺——只要你愿意努力工作,那么家族关系和金钱就不会成为成功的必要条件。

1994年,况秀猛作为访问学者来到美国克拉克森大学。凭着自己在工程方面特有的敏锐与原始的创业动力,他在经历各种创业磕磕绊绊后,便开始经营Torrey Hills Technologies(托利山科技有限公司),并于2013年赢得美国联邦政府颁发的最佳小企业创新奖——蒂贝茨(Tibbetts)创业大奖的殊荣。该奖项由白宫颁发,况秀猛的公司荣膺优秀小企业创新研究奖。

从一家刚起步的小公司,经过11年的发展,托利山科技有限

公司已迅速成长为微电子器件和工艺设备的主要供应商,企业年均复合增长率为53%,客户分布在全球60多个国家和地区,并连续5年入选《Inc. 500》杂志评选的500—5000强成长型公司,在2009年排第188位。

此番惊人的成绩只是从中国农村家庭走出来的况秀猛取得的诸多成就之一。

在本书中,况秀猛与他的同事张佳茵和韩方分享了他们在推动自身企业从名不见经传的小公司起步,迅速取得惊人业绩背后的哲学、洞察力和经营方面的睿智。

不管你身处什么行业,通过阅读本书,你都会得到创业方面的启发,获得有用的战略和制胜的策略,帮助你从创业者成长为创业明星,或者推动你业已成熟的业务到达一个全新的高度。

自序
AUTHOR'S PREFACE

在"互联网+"时代，
更需要脚踏实地的创业者！

托利山科技有限公司创始人、总裁　况秀猛

国务院总理李克强在天津举办的2014夏季达沃斯论坛上说，要在960万平方公里土地上掀起大众创业、草根创业的新浪潮。

这股汹涌的草根创业新浪潮和"互联网+"联手，造就了中华大地5000多年历史上的最佳创业时代。

"互联网+"就是"互联网+各个传统行业"，但这并不是简单地将两者相加，而是利用信息通信技术以及互联网平台，让互联网与传统行业进行深度融合，创造新的发展生态。在"互联网+"时代，每一个创新都有可能给行业带来颠覆性的革命，给创业者带来巨额财富和光环。

但不管光环有多么鲜亮，有数据表明，一般的初创企业能活过

创业真经
从白手起家到明星企业

3年的不超过10%,5年后初创企业的死亡率逼近90%。

一方面是历史最佳创业时机,另一方面又是"创业难,难于上青天"的感叹。为什么会这样?每一个创业者应该如何装备自己的头脑呢?

在过去的11年里,我们走过了一段极其艰难的在异国他乡创业的路。托利山科技有限公司从一家刚起步的小公司,经过11年的发展,已迅速成长为微电子器件和工艺设备的主要供应商。企业年均复合增长率为53%,客户分布在全球60多个国家和地区,并连续5年入选《Inc. 500》杂志评选的500—5000强成长型公司。公司连续5年获得美国5000强发展最快的私营企业奖,共4次获得圣地亚哥成长最快的私营企业奖,成为美国新兴私人企业中的佼佼者。

我们将这些年创业的实战经验和感悟写成了一本书。2014年年底,这本书《From Start-up to Star》在美国出版发行。这本关于创业管理的书,自面世之后就好评如潮。2015年3月,这本书登上了亚马逊网站的Best Seller(最畅销书籍)榜单。美国总统奥巴马阅读了本书,并寄来亲笔签名的感谢信;台

2015年3月,入选亚马逊美国网站"最畅销书籍榜"

自 序

在"互联网+"时代,更需要脚踏实地的创业者!

2015年2月12日,本书英文版赠予美国总统奥巴马先生后,获得奥巴马夫妇的亲笔贺信。

2015年3月16日,本书英文版赠予台湾地区领导人马英九先生后,获得马英九办公室的贺信。

湾地区领导人马英九办公室也从台北寄来信函表示祝贺。

2015年下半年,根据我们的创业实战经验,我在美国的《华尔街日报》发表了一篇评论员文章《创业教育,传授的不只是梦想》(Teaching Entrepreneurs to Do More Than Dream)。在这篇文章中,我抨击了美国当下浮躁的、不脚踏实地的创业教育。

由于这本《创业真经:从白手起家到明星企业》图书的出版,以及我在《华尔街日报》上发表的文章,真诚地分享了我在创业方面多年的实战经验和独到心得,受到很好的社会反响,美国斯坦福大学、加州大学圣地亚哥分校、克莱姆森大学、扶轮国际社等组织和机构,纷纷请我到他们的创业中心进行讲座交流。美国佛罗里达

州的酒店大亨 Harris Rosen 还请我一起商量创业扶贫计划,让更多有能力的人能够更好地创业,实现其人生价值。

  我深深地知道,创业之路是艰难而又孤独的。马云、马化腾是非常成功的,但中国能出几匹这样的千里马?更多的是成千上万的创业者在生存边缘上苦苦挣扎。

  目前市面上有很多知名企业家的书,能让创业者从中深深地体会到自己的不足。但合上书本后,很多人往往不知道下一步应该如何进行,会陷入更大的茫然。

  在本书中,我与我的同事张佳茵和韩方分享了我们在推动自身企业从名不见经传的小公司起步,迅速取得惊人业绩背后的哲学、洞察力和经营方面的睿智。

  本书没有艰深、大篇幅的理论阐述,也没有当下流行、时髦、性感的"互联网+"概念,但是我相信,即使在"互联网+"时代,也需要脚踏实地的创业者。我们希望每一个草根创业者看了本书之后,马上就能应用到企业管理实战中。在每一个草根创业者的艰辛旅程中,让这本书默默地陪伴在他们身边,为他们点亮一盏明灯,照亮一段前程。

  今天,这本书的中文版终于要面世了。我希望这本书能为中国的创业者和管理者带来一些启发和帮助!能为中国的创业教育贡献我的绵薄之力!

序1
PREFACE

一本创业者的宝典

独立经济学家、中国企业资本联盟主席　杜　猛

13年前，我和其他6位学者一起创立了中国企业资本联盟。我们的梦想是利用联盟平台整合跨领域资源，构建一个开放式的、服务于中小微企业和创业人员的NGO平台。

13年后的今天，中国企业资本联盟已有注册会员12万人。在国内68个城市、国外12个城市设立了秘书处。我们在国内做了130场城市论坛、76场城市主题沙龙。在国外做了5个城市主题沙龙、2个城市论坛，还有7个城市论坛正在筹备中。

况秀猛先生的这本书是草根人物的实践经验总结和感悟，是我们中企资本联盟创业者的宝典。一位美国的创业者这样评论："这不是一本MBA学生看的书，因为里面没有太多的理论，但有大量的实战例子，我看了之后马上就能用。"

　　不管你身处什么行业,通过阅读本书,你都会得到创业方面的启发,获得有用的战略和制胜的策略,帮助你从创业者成长为创业明星,或者推动你业已成熟的业务达到一个全新的高度。

　　在和平环境中,创业能减少贫困、减少战争。未来地球村里的主人一定是勤劳奋斗、永不放弃、奔跑在创业路上的年轻人!

序 2
PREFACE

知识改变命运　创业成就辉煌

中华况氏联谊会理事长　况勋泽

本书作者况秀猛出生于中国江西省偏远贫困地区的农民家庭。11年前，况秀猛在美国创办了托利山科技有限公司，凭借其深厚的东西方文化底蕴和专业知识，历经创业的艰难打拼，终将一个名不见经传的小公司，迅速发展为微电子器件和工艺设备的主要供应商，其产品、客户分布全球60多个国家、地区，连续5年入选《Inc.500》杂志评选的500—5000强成长型公司，并带领公司进入白宫——于2013年获得美国联邦政府颁发的最佳小企业创新奖蒂贝茨（Tibbetts）创业大奖。这也是改革开放以来华人留学生创业者首次获此殊荣。

这一切不仅成就了况秀猛的"美国梦"，更是知识改变命运、创业成就辉煌的现实版故事！无论在美国还是在中国，都堪称经典

的励志、创业典范!

本书中况秀猛将其创业的艰辛、经验和感悟通过具体的案例像故事一样娓娓讲来,拉近了与读者的距离,具有很强的亲和力,使人感觉书中讲述的就犹如是在自己身边发生的事情,亲近可信,且通俗易懂。

书中看似没有专讲深奥的理论,但贯穿全书的每个案例无不处处显现出人生的哲理、企业经营管理理念的睿智,如:敬业、诚信、客户至上、共赢、创新、团队精神、感恩……而这一切恰是每个创业者必须具备的素质!

对此,我作为一名曾在西南财经大学教学十余年,且又经营管理企业二十多年的经济界人士的确是感触良多!获益良多!

当今中国正处于"大众创业、万众创新"的大潮之中,但仅有创业、创新的激情是远远不够的。创业者、创新者还必须具有创业、创新的素质、专业知识、时代理念等,并勇于接受创业过程中艰难的、漫长的磨砺甚至淘汰才能走向成功。

相信本书的出版必将对为实现伟大中国梦的广大创业者有极大的现实启迪和帮助!特别是我中华况氏创业者会倍感亲切!

在我中华民族大家庭中,况氏族人仅约占万分之一,然况姓一族源远流长,传承有序,自古勤劳善良,乐于拼搏、奉献,重文化、守诚信,涌现出许多仁人志士和社会贤良。

序 2
知识改变命运　创业成就辉煌

从江西农村土屋走上白宫颁奖台，况秀猛不仅是创业者的骄傲和楷模，也是中华况氏族人的骄傲和楷模，更是全球华人的骄傲和自豪！

FROM
START-UP
TO
STAR
20 SECRETS TO START-UP SUCCESS

秘诀 1
信誉带动销售——如何建立自己的信誉

秘诀 ①

信誉带动销售
——如何建立自己的信誉

对任何企业而言,建立信誉都是至关重要的,特别是当你创办一家新公司,销售新产品,或者建立一个新品牌时。我们在推出三辊机这一新产品时的经验,就是一个绝佳的成功范例。

我们于2004年开始销售三辊机。当时我们的品牌在市场上还不被人所知,而竞争对手是一些家喻户晓、非常成熟的知名品牌。

我们投入了十二分的努力,销售出了最初的10台机器。有时需要给客户提供巨大的折扣,才能博得客户一试。那些给了我们机会的客户很快发现公司的产品质量很好,并且服务一流,于是,来自第一批客户的反馈好评如潮。

与此同时,即使当时的财力非常有限,我们仍然努力创建了一

个公益基金会，用来帮助贫困学生，回馈社会。我们将收到的好评以及有关公司努力回馈社会的信息都放到了网上。

将这些信息有效传递出去以后，潜在买家看到，不仅公司的产品可值得信任，公司本身也是一个值得信赖的企业公民。于是，我们在诚信方面就获得了一个非常巨大的推动力：业务强劲增长，并开始收到来自全世界一些最负盛名的公司、大学和研究实验室的咨询。

当这些高价值的潜在客户打来电话咨询时，公司销售人员的目标是不惜任何代价把他们变成满意的客户。因为如果能获得他们的正面代言，就将提高公司的信誉，将产品更好地销售出去。

这些"蓝筹"客户中有惠普（HP）、波音（Boeing）、强生（Johnson & Johnson）、美国中央情报局（CIA）、美国航空航天局（NASA），以及歌帝梵巧克力（Godiva Chocolates）。有了这样一群满意的客户，就能轻而易举地说服潜在客户，让他们相信公司产品也会令其满意。

在我们的日常销售中，"战略"扮演着很重要的角色，包括我们所说的"获奖营销"（award marketing）方法。

秘诀 1
信誉带动销售——如何建立自己的信誉

从 2008 年起,公司先后获得了许多荣誉。有些奖项颁给了产品,有些颁给了公司,还有一些颁给了个人。

公司连续 5 年入选《Inc. 500》杂志评选的 5000 强公司。最近 4 年都是圣地亚哥百强增长最快的私人公司,并且于 2009 年被评为年度圣地亚哥地区小企业出口商。2012 年,公司入围世界技术奖的决赛。2013 年,公司产品三辊机赢得金桥奖,研发成果获得美国联邦政府颁发的最佳小企业创新奖——蒂贝茨奖。

为什么这些荣誉是重要的营销工具?自卖自夸是一回事,但是如果权威人士能够发表意见,那将更有分量。

作为整体,我们分享所有的成就与骄傲;事实上,公司的每一个团队都会得到一个复制的奖杯,提醒我们是行业的佼佼者。这种肯定提升了员工代表公司向潜在客户展示出的信心。公司知道他们是最棒的,并为之感到自豪。

作为个体,每一名销售人员都有着不同的教育和文化背景。在建立自己领域的公信力时,认识和处理你内心深处对自己的感觉是非常关键的,因为客户会对你任何内在的自我怀疑有所感知并做出反应。

如果你是某个领域的行家,不要羞于分享你的履历,不要想当然地认为客户知道你有多么胜任。请把你的学历、业绩,以及从业时间等信息告诉客户,别指望仅凭自己说自己有多大能耐,客户就会欣然和你做起生意。

例如,托利山科技有限公司总裁况秀猛有工程学背景,并在日本京瓷公司工作了很长一段时间。当他在电子行业与客户打交道时,他会解释说,"我是工程师出身。10年来一直是 IMAPS (International Microelectronics Assembly and Packaging Society, 国际微电子和封装学会)会员"。这让客户很放心:况秀猛是一名专家,选择与他做生意就不会有问题。

无论你是什么背景,都要能够详细说明产品的工作原理,并将成功案例告知客户。如果你的个人背景是销售或市场,而如今身处技术领域,你就要事先做一些研究工作,知道如何才能提出正确的问题,从而能够与客户自信交谈。并且,这一学习过程必须是持续的。

在生意圈里,你常常会遇到一些诋毁竞争对手的人。对我们来说,这种策略不可取。事实上,这种做法对于肯定公司自身的实力而言是南辕北辙,或者画蛇添足。为什么呢?

秘诀 1
信誉带动销售——如何建立自己的信誉

如果我一个劲对着你说自己有多么多么好,你一定会瞧不起我。相反,如果我对竞争对手给予高度评价,你给我的评价会更高,而不是对我的竞争对手。

有一个潜在客户曾经告诉我们:"你们的炉子有一部分是中国制造的,我不希望有任何中国制造的东西。"

况秀猛说:"如果我是您,我也不想买到任何中国制造的东西。"他这么一说,非常出乎客户意料,这让况秀猛有机会说明我们的炉子如何能够胜任客户的工作要求。

况秀猛用汽车做类比,并成功和客户签单:宝马性能卓越,但丰田的售价远低于宝马,却同样可靠,让你想去哪里就去哪里。最终,这位客户决定从我们这里采购,并对中国生产的炉子质量非常满意。通过称赞竞争对手,并强调公司的成本优势,我们拿到了订单。

我们的潜在客户经常会问——你们的产品相较于竞争对手如何?我们总是先强调对竞争对手产品的尊重,然后再点出公司产品赢得过的奖项,提到在同行业中,有哪些大品牌客户在使用本公司

产品。然后再概述产品的技术规格，确保客户知道产品能够胜任他的要求。

有趣的是，当我们称赞竞争对手的时候，潜在客户往往会分享他们自己的经历，告诉我们这些竞争对手的产品或服务是如何辜负了他们的期望值——省得我们再去说对手的不好！

我们如何看待作为个体的自己也非常重要，特别是在公司的销售团队中，很多人是移民身份，这意味着要处理自己内心感觉不够有价值的问题，这就是所谓的"移民心态"。

当这些团队成员刚开始工作的时候，他们经常担心自己的语言技能和口音。我们就通过彼此合作来克服这些问题。但基本原则是，他们代表着公司的品牌，而公司的品牌有自己的信誉，这样就提高了他们的信心，能够有效地去销售产品。一旦你对自己的公司品牌十分了解并深信不疑，就会把这样的信息传递给客户。

FROM START-UP TO STAR

20 SECRETS TO START-UP SUCCESS

秘诀 2

客户、客户、客户——销售的终极秘诀

秘诀 ②

客户、客户、客户
——销售的终极秘诀

很多时候,客户的需求远非获得产品那么简单。有时他们需要的是速度,有时他们需要的是定制,有时服务比产品本身更重要。

作为一名销售人员,必须牢记——你要满足顾客的需要,而不是仅仅向他们销售产品。

我们有一个忠实客户,进行过多次采购,对公司的产品和服务都很满意。有一天,他们打来电话,非常焦急,因为他们收到了一笔大订单,需要我们立即交付 2 台三辊机,否则他们无法完成订单。

当时公司没有三辊机的库存,而正常的备货时间是 6 到 8 周。客户的问题就是我们的问题,如何才能迅速地满足客户的需求呢?

在和客户通话的时候，我们突然想到一个办法：与其匆忙投入生产让客户苦苦等待，不如先把公司的两台实验室机型给客户发过去，让他们投入生产。同时，我们可以开始生产客户需要的那2台三辊机。

不过，还有一点让人纠结的是，2台实验室设备中，有一台是演示设备，也就是说是用过的设备，另一台则是全新的。如果用生产出的新机器把这两台设备换回来的话，那台原本全新的实验室设备就只能以用过的设备折价出售。

但考虑到客户对公司的长期价值，我们愿意承担这一损失，以确保客户对公司品牌一直以来的忠诚度。

这件事后来的结果比我们预想要好，客户最终决定，除了买下那2台全新生产的设备外，那台全新的演示机他们也要了。

这里可以学习的经验是，要以客户的需要为本，不惜一切代价满足客户的需要，即使这意味着暂时吃点亏。在这种情况下，损失几千美元固然令人心痛，但却是值得的，因为这个客户会成为终身客户。

秘诀 2
客户、客户、客户——销售的终极秘诀

另一个故事来自一个之前从我们这里买过一台三辊机的制药公司客户。机器工作正常,有一天操作员不小心将一把刮铲掉入辊与辊之间,辊被卡住,机器的保险丝被烧断,停止了工作。当时,客户正在生产一笔大订单,当客户打电话给我们的时候,他们非常惊慌。

尽管错不在我们,但我们不能回避客户的问题,得让机器迅速启动并运行。因为如果不这么去做,客户就会赔钱,我们就可能会失去这个客户。

我们做的第一件事是在他们付款之前,连夜将他们需要更换的保险丝发货过去。为什么?因为快乐的客户将会与你再次合作,而被精心呵护的客户会是一个快乐的客户。我们知道,当他们需要购买数千美元的大件商品、机器或部件时,他们会很高兴再一次向我们购买。

还有一家制药公司一直在使用来自另一家制造商的小型三辊研磨机。他们的业务正在快速成长,需要一台更大的机器。

我们向他们出售了一台三辊研磨机,但在随后的联系中,他们

说并没有看到产品的产量有很大提高。他们是一家本地公司,和我们的公司挨得很近,所以我们决定去客户公司看看设备是怎么回事。

原来,他们没有正确设定机器的间隙大小,因此无法获得最大产出。我们不仅仅帮客户调整了间隙大小,还向他们展示了生产不同类型的药膏时,如何找到最佳间隙大小和最优设置。这样,客户就学会了如何最大限度地使用这台机器。

在这个过程中,我们花了大量的时间,并且在整个过程中分文未收。客户对公司的机器和服务都非常满意。事实上,我们将这一案例作为在线教育工具,帮助其他顾客了解如何更好地使用产品,得到最高产出,这对所有与之相关的人来说都是双赢。

这里的经验教训是,不要将客户只看成你的销售对象。要超越销售看到他们的需求,并加倍努力满足这些需求。

说服的基本规则之一就是那些我们所爱的人也会回过来爱我们。让客户知道你在意他们。当客户喜欢你,他们将更有可能从你这里购买产品或服务。

秘诀 2

客户、客户、客户——销售的终极秘诀

在建立关系时，如何告诉客户你很在意他们？这里有一个例子。每次当我们与一家总部设在国外的公司合作时，会花几分钟来研究客户的地理位置。当一位土耳其的潜在客户联系我们时，销售人员会说："土耳其是一个拥有大量历史遗产的美丽国家，是我最向往的国家之一。"第二天，那位客户回信说："土耳其的确是一个美丽的国家，我们欢迎你的到来。"障碍消除了，销售人员也完成了一次真诚的人与人之间的沟通，同时得到了客户的订单。

在最初联系时，真诚很重要，切忌虚情假意。其他你能够谈论的话题还包括客户的产品、研究和成就。对于教授尤其如此，要表达人们对其所做研究的高度评价，赞赏他们的工作是非常有意义的。你能够花时间去研究这些信息，这本身对他们而言就是一种尊重，并显示出你很在乎他们。

在去咨询一家公司之前，多花些时间，对将要拜访的客户和他们所做的工作提前做些研究。比如他们的公司规模多大，服务于谁，最近有上新闻吗？受到任何特别的肯定吗？如果具有这种洞察力，能够使你在接触具体业务之前，首先取得具有亲和力的人际接触，这会让你显得与众不同。

你是否听说过心理学中的本杰明·富兰克林效应？其要点是：相比那些被你帮助过的人，那些曾经帮助过你的人会更愿意再帮你一次。它以富兰克林来命名，因为在以下摘录的自传里，当谈到如何处理与他竞争的立法者的敌意时，富兰克林是这样描述的：

> 听说他的私人藏书中有一本绝版的稀世图书后，我写了张字条给他，表示我很想看那本书，并询问他能否借我几天。他立即就借给我。我大约一周左右还给他，并写了另一张便条表达我的感谢之情。当我们下次在白宫见面时，他对我说话了。他以前从来没有这么做过，而且非常有礼貌。之后，他还向我表明他愿意随时为我效劳，所以我们成了很好的朋友。我们的友谊一直维持到他去世以前。

人类都会犯错误，不可避免的是，客户会由于公司的产品问题或服务问题而不开心。

有一次，公司总裁况秀猛要前往客户的工厂去解决一个问题。和不满意的客户沟通通常会很尴尬。大多数人的态度是走进去，解决问题，离开；和愤怒的客户接触越少越好。

秘诀 2
客户、客户、客户——销售的终极秘诀

而况秀猛却正好相反。他没有租车,而是叫客户很早起床去机场接他。客户这么做了。在那一天接下来的互动中,客户对况秀猛很亲切,甚至以朋友身份把他介绍给他的同事们。这个客户从未显出他对于生产中断的烦恼,或者抱怨;相反,他对况秀猛很热情,很迁就。

因此,况秀猛在客户工厂的那一天过得很愉快。他解决了问题,而且每个人都很高兴。这是一个偶尔让客户为你做点事反而更有用的例子。这也是本杰明·富兰克林效应的实际运用。

另一个本杰明·富兰克林效应有用的实例,是在我们请求客户用公司的机器制造产品的样品时。无论客户做的是口红还是巧克力,他们总会很高兴地提供给我们,因为客户为自己的产品自豪,而对客户产品产生兴趣,也表明我们赞赏他们的工作。

与你打交道的人面对面接触也同样重要,无论是客户还是同事。例如,在最开始创业阶段,我们有个同事认为他的薪资较低,被低估了。一次会议上,他向公司总裁况秀猛提出了他的不满,并打算辞职。

况秀猛首先听他说完，然后告诉他自己出生在中国贫穷农村的早期生活。他说："25年前，我是一个贫穷小山村里的男孩，住在中国农村。如果你从一个像北京这样的大城市来看我，我所有的一切就是几只在破旧的房子外跑来跑去的土鸡，不过，我会用它们来款待我的客人。也许对你来说，这就是非常普通的一顿饭，但对我而言，我已经给了我有的一切。"

接着，他解释自己也想让员工获得最大的利益，并获得他们应得的薪酬水平。日后当公司业务做大做强，员工肯定会得到应得的报酬，但现在是他能在当前这种情况下向员工给出的最好待遇了。

那位员工最终还是辞职了，但他不再感到自己曾受到过不公平的待遇。事实上，他们成了很好的朋友，并在相关项目上一起合作。

况秀猛的儿子Simon曾做过一个个性化医药的科学项目。况秀猛建议除了数据、理论和图表以外，他应该让整个展示演说也个性化，谈论这些药物如何成为治疗癌症过程中的突破口，并与自己的家庭结合起来——一名家庭成员近期死于癌症，另一名家庭成员正在与癌症抗争。

秘诀 2
客户、客户、客户——销售的终极秘诀

因为读者中无疑也有类似的故事，因此他们可以与自身的经历联系起来——Simon 在 2014 年谷歌科技大会上（2014 Google Science Fair）入选区域决赛名单，成为全球范围内 90 名入选的学生之一。

张佳茵在与一家制造治疗湿疹软膏的公司合作之前，就调查过这家公司。她的宝贝女儿曾患有湿疹，因为有了自己孩子的使用经验，她才敢将这个药膏的疗效实话实说，并向对方表示感谢。这种感激的纽带使她后续可以向客户销售公司的设备，变成公司的长期客户。

FROM

START-UP

TO

STAR

20 SECRETS TO START-UP SUCCESS

秘诀 3

有问必答,来者不拒

秘诀 ③

有问必答，来者不拒

在类似我们这样的技术领域内，潜在客户自然而然会有很多问题。当客户对公司的设备提出疑问时，在回答客户的问题前，我们总会先说一句"这个问题问得非常好"，这样的话，客户就会知道我们欢迎提问，并乐意回答他们的问题。

当客户带着具体的问题找到我们时，这说明他们对设备真的感兴趣，并且有实际需求。通过提问，我们可以判断出其中是否存在真实、潜在的销售机会。因此，无论何时，只要客户有疑问，不管有多少问题，都要确保客户知道我们欢迎他们提问。

热忱地回答客户的各种问题，也体现了专业性，让他们知道我们擅长所做的工作，可以很好地为客户服务，这也是另一种树立信誉的途径。

我们可以让客户知道,在这一专业领域里,我们拥有丰富的经验,也一直在向世界各地的客户成功地提供服务。这样客户就会明白,他们可以信赖我们的产品和服务。

热忱回答客户的各种问题,这也体现了专业性,让他们知道我们擅长所做的工作,可以很好地为客户服务。

我们总是非常努力地去判断客户可能想要的其他信息,并在回答中提及。比如,一位将设备应用于纳米粒子分散的客户问道:"设备的辊与辊间的最小间距是多少?"我们会告诉他:"纳米粒子的分散间隙设置通常为20微米左右,但您可以调到接近零。"并提到:"根据客户反馈的情况来看,在您的应用中,不会有任何超过5微米的凝块。"

这样我们不仅展示了专业知识,也让客户知道我们在其至关重要的领域也是有经验的。

比方说,有一个潜在客户想购买三辊机来生产二氧化钛浆料。我们会告诉他:"我们很了解染料敏化太阳能电池,在这一领域销售了很多三辊机、烘干炉和烧结炉等。具体来说,您的工艺需要使

秘诀 3
有问必答，来者不拒

用陶瓷三辊机。这是我们从以色列客户 3G Solar 获得的经验总结。"

又比方说，客户需要购买可应用于纳米材料分散的设备，他想知道我们的机器是否适用。我们可以告诉他，"从您所应用的领域来说，很多高校都使用我们的产品来处理纳米材料。某某某教授是这样评价这个机器的"，引用相似领域的客户好评，再用"相信我们也能为您提供同样的服务"收尾。

我们利用一切机会，向客户展示在他们的领域里，我们有经验、有客户，还可以提供该领域专家的意见作为参考。如果客户询问参考意见，我们总是会非常乐意地告知，特别是将客户最有可能熟知的"大品牌"提供给他们参考，让客户知道这些大公司或知名研究者都很信任并使用我们的机器，客户也会因此更容易信任我们。

> 我们利用一切机会，向客户展示在他们的领域里，我们有经验、有客户，还可以提供该领域专家的意见作为参考。

一位客户需要设备生产电容器（MLCC）或陶瓷电感器的电极浆料，他联系到了况秀猛。碰巧况秀猛对这方面的应用非常熟悉，能够告诉他:"我对片式电容器(MLCC)或陶瓷电感器电极浆料非常了解。20世纪90年代我在京瓷工作时,有很多年就是在生产电极浆料。"况秀猛还向客户提供了并没有问及的其他信息,包括设备的产能和生产要求等。

还有巧克力制造商对三辊机感兴趣,咨询机器是否适合他们。我们会回答说:"这些机器很适合巧克力行业。包括歌帝梵在内的很多巧克力制造商都在使用,用于其产品生产和研发。"通过客户这样的提问机会,我们会让他们知道,在他们所在的领域里,我们拥有的客户对设备都非常满意。

如果有人通过电子邮件提问,我们会提供公司的网站链接,也会提供设备使用的视频链接,让感兴趣的潜在客户获得更多的信息。

由于况秀猛在厚膜领域经验丰富,当遇到这一领域的客户时,我们总会提到公司有一个非常了解厚膜技术和三辊机的工程团队:"凭借多年的技术经验,您将从我们这里获得最好的技术支持。"在特定领域的丰富经验,能取得客户的充分信任。

通过回答客户的问题,也可以让他们知道公司的设备所拥有的

> 秘诀 3
> 有问必答，来者不拒

强大功能。有时候，客户在对比来自于不同供应商的设备时会问，"相对于竞争对手，你们的设备有什么优势，哪种型号适合我们？"

例如，一位客户问实验室 T65 型号是否优于竞争对手的同类型号。我们的回答是："这个实验室型号具有更高的生产能力，能达到 14 升/时，大约是竞争对手的 2 倍。在不久的将来，如果你们的目标是扩大规模，那么选择这个设备将带来更多经济上的实惠。"

我们还向客户提供了有关设备高级功能的信息，这些功能是作为标配向客户提供的，而从竞争对手那里获得同样的功能，将需要支付更高的成本。有时，我们还会补充说明："我们的客服团队始终会在第一时间回复客户，解答客户的问题，还备有设备的配件，以备不时之需。我们的工程团队提供 24 小时的全天候服务。"

还有客户提到竞争对手所在的地理位置距他们很近，我们会回应道："虽然这家供应商离你们更近，但我们提供一流的全天候技术支持。"还会提到，我们一直为世界各地的客户提供服务，他们对我们的服务都很满意，从不觉得距离是问题。

有时候，客户会问是否提供一些常规以外的服务，例如，"你

们能否提供'先租后买'的服务，或者你们有灵活的付款方式吗？"对于客户提出的特别要求，倘若我们给不了具体的解决方案，就会尽最大的能力去帮助他们。因为客户真正想表达的是他对我们的设备很感兴趣，想要购买，但可能预算有限。

> 对于客户提出的特别要求，倘若我们给不了具体的解决方案，就会尽最大的能力去帮助他们，因为客户真正想表达的是他对我们的设备很感兴趣，想要购买。

有这样一个具体案例，对于客户提出的需求，我们之前并没有提供过类似的服务，但由于这位客户对设备很感兴趣，而我们也想赢得他们公司的业务，因此通过搜索网络，我们发现一家汽车租赁公司提供的服务和客户的需求很接近。

我们以这家租赁公司的合同为基础，拟定出一个类似的付款计划合同。在向客户提供这一合同时，我们确保客户知道这是为他量身定制的。客户看到这份合同非常高兴，立刻就下了订单。

当我们回答完客户的问题，紧接着会询问他："对于这样的回答，您满意吗？"在谈话的最后，一定要加上一句："关于我们的

秘诀 3
有问必答,来者不拒

设备和服务,您还有其他问题需要咨询吗?"抑或:"有其他需要我们协助的吗?"

我们鼓励客户提出更多的问题,让客户保持参与感。让客户知道我们对问题来者不拒,从而会让他们感觉到选择我们的产品是明智的。

FROM START-UP TO STAR

20 SECRETS TO START-UP SUCCESS

秘诀 4

分清客户所想和所需——弄清问题背后的故事

分清客户所想和所需

——弄清问题背后的故事

每个问题并非都是表面所呈现的那样。通常情况下,客户在提出真正想问的问题之前,会先抛出一个次要问题。

例如,有一次,我们在美国国家航空航天局(NASA)的客户马克看到实验室里最小的机型时问道:"该型号的电压是多少,单相的还是三相的?"听到这个问题,我们便意识到,这个问题的背后隐含了客户对机器在设置时,需要做些什么或购买其他配件的关注。

于是,我们告诉他:"这台机器是110伏单相。您只需将插头插入常规的壁装电源插座即可运行设备。在包装盒中,我们也将提供其他附件和若干个备件。"马克很开心,因为我们不仅回答了他

的问题,也解决了他真正的担忧。

有一位英国客户对某款机器很感兴趣。这款机器有两种可选电压:110伏(美国和南北美洲其他国家的通用电压)和220伏(美洲以外的大多数国家的通用电压),但是,英国的通用电压是240伏。

了解这一点之后,当这位英国客户问:"机器的电压是多少?"我们回答:"实验室机型的电压是220伏单相,已向英国出货过很多台±10%波动限额的220伏单相设备。到目前为止,这些机器都运行正常。"如此回复,便真正解决了这位英国客户的实际问题。

有一次,飞利浦公司从我们这里购买了一台不锈钢辊的实验室机型。他们在下订单之前问道:"我们应该买备用辊吗?"当问及这个问题时,我们明白他们实际表达的是对不锈钢辊耐久性的关注。

我们这样回答:"一般来说,不锈钢辊的使用年限是5到10年。这在很大程度上取决于所加工材料的硬度和磨损性。不锈钢辊可以翻新,所以,至少在几年之内,你们不需要备用辊。如果需要,你可以找一家当地的机器修理店做翻新。"毫无意外,我们拿到了订单。

秘诀 4

分清客户所想和所需——弄清问题背后的故事

一家以色列制造商想知道我们在以色列是否有代表。这个问题潜在表达出他真正的顾虑：在他所在的区域，我们是否能够提供支持服务？

我们告诉他："目前，公司在以色列没有代表。但是，很多以色列客户都购买过我们的设备，包括飞利浦医疗（Philips Medical）和 3G 太阳能（3G Solar）。他们对产品和服务都非常满意。另外，我们的机器都是通过 CE 认证的。拥有一支 24 小时全天候的服务团队专门解决客户问题，按时配送备件。"

在回答问题时，弄清客户所想和所需至关重要。有时，客户会想要一些产品不具备的功能。出现这种情况时，我们总会试着询问客户为什么会有这类需求。因为我们时常会发现，客户认为他们想要的，往往并不是他们真正所需的。一旦我们确认了他们的需求原因，便能向客户解释，虽然公司的设备不具备他们提出的那些并不必要的功能，但同样也能满足他们的需求。

当被问到这类问题时，不要去反驳客户，而要注重客户的自尊和权威。我们的第一反应总是"这是个非常好的功能"，首先认同他们的想法，再提出我们的方案。

在回答问题时,弄清客户所想和所需至关重要。

例如,很多制药公司的客户喜欢可拆卸式三辊机。有时,他们会问:"你们的辊可拆卸吗?"但是,我们的辊是不可拆卸的。于是,我们询问客户需要可拆卸式三辊机的原因,他们解释说这样更易清洁机器。

一旦知道这一原因,我们便能提出解决方案:"虽然我们的三辊机是不可拆卸的,但如果只是为了清洁机器,则没必要拆开机器。我们不建议客户自行拆机,因为拆机可能需要特殊工具,并需要由工程技术人员来操作。不过我们的这些设备都有低速洗涤模式,对于清洗机器而言是最佳的选择。"然后会告诉客户,和他们有类似需求的客户,在使用设备的过程中都非常顺利。

我们还分享了一个 YouTube 在线教学视频链接,向客户展示怎样操作和清洁小型实验室机型,以及如何操作低速洗涤模式。

还有一个例子,一名顾客在购买三辊机时,想知道他是否可以同时买一套不锈钢辊和一套陶瓷辊。大多数客户只需要其中的一套:如果客户关注的是金属污染,他们只买陶瓷辊;如果没有金属

秘诀 4
分清客户所想和所需——弄清问题背后的故事

污染的顾虑,则会选择不锈钢辊。对于此类机器来说,不宜频繁更换辊,所以我们不建议同时购买两套辊。

但当客户有这些疑虑时,我们会第一时间询问客户:"您为什么需要两套辊?"客户解释道,虽然对于他们所制造的产品而言,当前金属污染并不是问题,但在未来的产品研究中可能会是一个问题,所以他想购买两套辊,以防以后需要陶瓷辊时可以使用。

但正如上文所述,更换辊并非易事,至少需要一些特殊工具和有工程学背景的专业人员来操作,所以我们不建议这样做。

我们向他保证:"如果金属污染是一个潜在问题,您需要的可能只是一套陶瓷辊。"最后他买了一套配有陶瓷辊的实验室机型。

还有一次,有一个客户想要在三辊机上使用陶瓷刀片。当时,我们并不提供陶瓷刀片,因此反复与他们确认需要陶瓷刀片的原因。

取得联系时,我们首先告诉客户,根据他们的要求,我们对陶瓷刀片的可用性做了相关研究。接着让客户知道"理论上讲,刀片和辊由相同材料制成会比较好",因为客户已经有陶瓷三辊机。

但实际上，陶瓷刀片不能达到最好的刮除效能。经过一段时间，金属或铁氟龙（Teflon）刀片会磨合成与辊匹配的最佳形状，确保辊上的所有东西都能被整齐地刮掉。

他们明白了其中的原理后感到十分开心，因为我们能够领会他们真正担忧的正是刀片的刮除效能。最终他们购买了机器，并对铁氟龙刀片非常满意。

FROM START-UP TO STAR

20 SECRETS TO START-UP SUCCESS

秘诀 5

预料客户的需求，与客户保持开放式的对话

秘诀 ⑤

预料客户的需求，
与客户保持开放式的对话

能够预料客户需求意味着在他们寻求帮助之前，便可以为他们提供销售资讯，并使双方更顺利地完成交易。

例如，有些客户可操作的预算金额有限。当了解到这点时，我们可以预料到他们可能需要各种折扣，使价格在其预算范围内，进而继续购买。在这种情况下，可以预先提供给他们一些折扣或灵活的付款方案。

例如，有一位政府客户喜欢我们的机器，但购买进度却停滞了很长一段时间。因为他们的预算资金是 10000 美元，虽然对实验室机型很感兴趣，但这款机器的市场价高于其预算金额，所以我们进行了内部讨论，制定出了一个让客户更容易接受的价格。

在提供价格条款时,我们是这样表述的:"这款机器的售价一般都高于10000美元。这是目前市场上的流行机型,一般不会有任何折扣。但是对您,我们将给予一个力度非常大的折扣,折扣之后的价格将低于10000美元。如果您的预算和大多数公司一样,都是这个金额的话,希望这个折扣价对您有用。"

听完这个报价,他们立即推进了购买进程。我们又获得了一个政府客户,并且他们非常有可能在未来继续购买公司的机器设备。

能够预料客户需求意味着在他们寻求帮助之前,便可以为他们提供销售资讯,并使双方更顺利地完成交易。

在另一个案例中,客户只是一个普通的公司。在最初的交谈中,他们提到在资金上有预算限制,但没有告知具体数字。所以我们制定了这样的报价:"以基本机型为例,不锈钢辊的最低价为12000美元,陶瓷辊价格更高一些。大多数公司的资金预算为10000美元。如果贵公司也是这样的预算,请让我们先进行内部讨论,争取多给您一些折扣,使价格在您的预算范围之内。这样您觉得如何?"此时,客户便会告知他们的预算金额,我们也会配合他们,提供一个更优的价格,这样双方就可以继续合作了。

秘诀 5
预料客户的需求，与客户保持开放式的对话

还有一位客户说，他们的预算资金是 5000 美元，任何超过预算金额的费用都需要通过审批，会涉及众多部门和人员，可能需要 3 到 4 个月的时间。他们所需的机器价格略高于 10000 美元。

于是我们问客户："如果将此笔订单分成两个小订单，每个订单都在 5000 美元以内，这样可行吗？如果可行，您不必经过审批流程就能买到这台设备。"这样使客户能够继续采购并及时拿到机器。

我们有多种此类报价的版本——将一个大订单分成多个小订单，小订单的价格便低于规定的资金预算上限——多年来，这种报价形式使很多客户买到了他们所需的设备。

在某个客户案例中，如果发现客户并没有继续推进购买进程，此时还可以提供灵活的付款计划来满足他们的需求。这也能使客户更容易说服其管理团队购买机器。这就是大家所期待的双赢局面。

有时，资金并不是最大的问题，而是客户对公司的产品并不熟悉。有一位客户想购买三辊研磨机，他喜欢这款机器并且价格也不是问题，但对设备的性能有所顾虑，因为他从未使用过这款机器。

当知道他的疑虑后,我们为他提供了"先租后买"的选择,即先租赁几个月的机器,使用后如果喜欢,可以直接买下;如果不喜欢,可以退还给我们。

客户对"先租后买"这一方法非常满意,因为这样他无须花费大笔资金,就可以试用机器。他在租用机器两个月后买下了这台设备。

有时,资金并不是最大的问题,而是客户对公司的产品并不熟悉。

为顾客提供双赢的方案是销售成功的重要组成部分。我们有一位生产牙科产品的客户,其预算有限,给他一小部分折扣是不够的。我们试着给他提供一个灵活的付款计划,但这一提议也被否定了。于是公司的团队聚在一起讨论,如何可以使客户接受方案,购买机器。

我们想出了新办法:如果他们愿意提供教学视频,来演示如何使用我们的实验室机型,展示设备使用中的状态,或者愿意给我们出具一份此款实验室机的推荐书,公司便可给予一个高额的折扣,

秘诀 5
预料客户的需求，与客户保持开放式的对话

同时也将把这些视频材料放到公司官网上，作为营销资料使用。当该行业的其他客户看到视频或推荐书时，他们会认为这款机器对他们也同样适用。

这一招不仅使这位客户后续工作进展顺利，在其他客户那里也同样取得了很好的效果。这才是货真价实的双赢。

还有一个客户联系我们时，表示付款不是问题，但是立刻就需要订购这款设备。我们当时的库存中没有这款小型实验室机器，而这款机器的交付周期一般是 3 到 4 周，客户等不了那么久，这是问题所在。

我们给客户提供了一个双赢的方案："这里有一台同款的小型实验室演示机，如果您急需使用的话，在您拿到新机器之前，可以先免费使用这台演示机。"当然，这一方案是基于我们预料他们将在 1 个月之内下订单而提出的。这份方案果然奏效，他们在当天就下了订单。

有家制药公司也遇到过类似情况，他们急需一款大型三辊机，即我们的 6×12 英寸机型。公司没有库存，而这样一台大机器的生

产时间是6到10周。当时也没有6×12英寸的机器可以出借,但有一台较小的实验室机型。

我问客户:"您可以先用我们实验室机器吗?如果可以,今天就可以把机器拿走,在6×12英寸机器到货前,您都可以免费使用。"客户同意了,因为他曾向其他厂商咨询过,他们也没有这款大型机的库存。我们是唯一一家"多走一公里"、替客户解决问题的企业,也是唯一一家拿到他们订单的企业。

当和客户结束谈话之前,我们总会再问客户最后一个问题,因为希望客户感受到良好的服务,并且能够全面地了解设备,而不是感觉我们只是急着向客户推销产品。

还有什么可以为客户做的吗?客户还有问题吗?这笔交易方案对客户来说可行吗?给客户一个表达自己的机会,并询问他们有哪些需求,而不是让客户感到我们在强行推销产品。

给客户一个表达自己的机会,并询问他们有哪些需求,而不是让客户感到我们在向他们强行推销产品。

秘诀 5
预料客户的需求，与客户保持开放式的对话

我们对销售周期有几个明确定义的阶段：需求确认、报价、跟进、交易和后续跟踪售后服务。每天都会收到很多客户询价，但通常他们提供的需求信息并不完整，所以我们总会询问客户更多的问题，来判断客户提出的需求是否是有效需求，或公司的设备是否适合他们，从而更好地为客户服务。

在需求确认阶段，收到新的客户询价后，我们会询问客户主要应用在哪方面，以确保机器是否的确适合。如果客户并未提到想要小型实验室机或是大型量产机器，我们则会问道："您的目标产量是多少？若能告知，可以为您推荐合适的机型。"

我们也会问"您需要多快拿到这台机器？"还有："您有具体的预算金额吗？"这些问题使销售人员能够清楚客户的特殊需求，并制定对应的销售方案。

若客户询问行星式球磨机，我们会问："不锈钢球磨机可以吗？您需要什么材质的球磨机？"有些客户对最终产品的粒度有特殊要求，所以会问用我们设备生产的产品最后粒度能否达到一微米或更小。产品的原始粒度是决定设备能否达到客户要求的一个重要因素，黏度也是一个重要因素。我们也会问到这些相关问题，因为

想确保公司的机器满足客户的需要。

在客户将所有信息反馈后,我们会给个报价。在报价时,我们总是会在邮件的最后问:"您看一切都可以吗?还需要我们解答其他问题吗?目前还有什么其他可以帮您的?"

再次这样询问,是要让客户知道我们欢迎提问,并乐意帮助他们。我们总是和客户进行开放式的对话,让客户能够回应。

再下一步是跟进。如果在报价后3到5天内,没有从客户那里得到反馈,我们会再次发邮件:"您好!最近好吗?我们想向您了解一下上周提供给您的报价有什么问题吗?有我们可以为您做的其他事情吗?"

有时,我们发现客户有意向购买,但仍有一些不问他就不会说的问题。只要客户回复,我们就将努力寻求解决办法,并为客户制定一套最适合其需求的方案。

比如,如果客户预算有限,我们可以和他讨论是否愿意购买公司的二手机器;如果客户告诉我们何时需要机器,我们就能判断出

秘诀 5
预料客户的需求,与客户保持开放式的对话

该客户是否准备下单。

只要客户回复,我们就将努力寻求解决办法,并为客户制定一套最适合其需求的方案。

接下来就是交易。如果客户想要折扣或其他优惠条件,为完成交易,在给出客户所要求的优惠价格之前,我们会让他们做出购买承诺:"如果我向经理争取到该折扣,您就能下单吗?"如果客户说可以,便可以继续合作,因为我们知道,只要提供给客户想要的优惠价格,他就会下单。

我们也可以问:"如果免除运输费用,您就能下单吗?"如果客户说可以,那么销售人员将和上级进行内部沟通,以促成该笔交易。

当我们提供折扣时,可以这样和客户说:"此报价在月底之前有效。这符合您的预算时间安排吗?"这让双方都清楚各自的立场。

当我们提供折扣时,可以这样和客户说:"此报价在月底之前有效。这符合您的预算时间安排吗?"这让双方都清楚各自的立场。

机器出货一周后,我们将对客户进行跟进;在随后的1个月、3个月和6个月三个时间段,我们均会对客户进行后续跟进。

我们会问:"实验室机型或量产机型运行怎样?在操作过程中,您有什么问题吗?我们的技术团队24小时竭诚为您服务。"

客户在收到跟踪邮件时通常会很高兴,当我们在后续跟进时,客户会表达对机器的满意,并出具一份推荐信。如果是这样,我们会问:"可以把您的评价放到我们的官网上作为推广宣传吗?"通常他们都会欣然同意。

在收尾阶段,谈话最后例行询问客户的问题,同样适用于分销商和各区域销售代表或合作伙伴。

比如,我们会问合作伙伴:"和您联系主要是想看下您的客户是否仍有三辊机的需求。怎样才能使您的客户推进销售进程?我们将竭尽所能来协助您完成此次交易。"如果不去主动询问,我们就不会知道为什么客户没有进一步的动作,更不能有效地与合作伙伴合作。

我们用同样的方式支持分销商和区域代表,向他们询问能够提

秘诀 5
预料客户的需求，与客户保持开放式的对话

供什么帮助，从而帮助他们获得订单。

曾经有一次，在跟进客户的时候，我们说："如果您的客户有反馈，请及时告诉。我们的经理希望能够为您和您的客户提供更多的支持；如果客户所在地不是特别远的话，我们可以派一名工程师上门协助进行初步安装，并向客户展示如何操作这款设备。"

如果合作伙伴知道我们在获悉客户地址后他们能受益的话，就会将客户的地址告知。否则，一些合作伙伴不会告诉，或者他们不知道也不曾问过客户的地址。

我们会让合作伙伴知道，知道客户的地址后，就能为他们提供支持。我们也会问："近期您还有其他客户需要这款机器吗？"如果两家公司有一起合作的机会，我们会让合作伙伴知道，他们可以享受折扣价以及更快速的发货与技术支持。

我们用同样的方式支持分销商和区域代表，向他们询问能够提供什么帮助，从而帮助他们获得订单。

FROM
START-UP
TO
STAR
20 SECRETS TO START-UP SUCCESS

秘诀 6

正面引导：提问是个技术活　问对问题事半功倍

秘诀 ⑥

正面引导：提问是个技术活 问对问题事半功倍

有时候，为了说服他人接受你的建议或想法，或是帮助客户做出决定，推进工作进展，你需要借助正面引导的力量。

有时候，当你试图让人去做他们认为尴尬或感到不适的事时，不宜直接提出你的要求。通常你会得到否定的回答——"不，我不想这样做"，或者对方直接忽略掉你的问题。

假设你问一个潜在客户："您要订货吗？"如果此时客户尚未做好准备，他们会回答："不。"你得不到任何有价值的信息。1个月后，你问了同样的问题："您要订货吗？"客户有可能就直接忽视掉你的问题。因此，提问是个技术活，问对问题将有助于了解客户的想法，让工作进展顺利。

以公司原料研磨机的研磨测试方案为例，有些客户并不确定这款设备是否适合自己的工艺。客户以前可能用过其他厂家的机器，但无法确定我们的设备是否同样出色，所以我们给客户提供了一个特别方案：客户可将原材料寄过来，或者可以直接到公司的办公室用演示机器制备最终样品。之后客户可将样品拿回去测试，然后再决定是否购买设备。

这是一个较为漫长的过程。我们发现客户在测试过后很长一段时间才会有所行动，有时候则根本没有回应。能够确定的一点是，这并非机器的原因；客户一定得到了较为理想的测试结果。

我们需要做的是帮助客户更快地做出决定，于是，我们现在的做法是——在研磨测试前向客户询问一些初步的问题。

我们需要做的是帮助客户更快地做出决定。

例如，在圣地亚哥有一个客户，想用我们的演示机器制备样品。客户的公司刚刚迁入圣地亚哥；迁入前，他们已从另一家公司租赁了一台研磨机，每周进行几次样品的制备。搬迁后，客户到那家公司需要驱车很久，因此自购一台设备变得更为现实。客户说，

秘诀 6
正面引导：提问是个技术活　问对问题事半功倍

他想带着材料到我们的实验室做些测试。

在正式约定测试时间前，我们向客户询问了几个问题："由于您的时间很宝贵，我们希望首先建立彼此之间的了解。这台机器令您满意的性能是什么？如果测试成功，希望您能订货。如果能够得到满意的测试结果，您理应从我们这儿采购。"

客户回复说，测试可能只需 30 分钟，最多 1 个小时。"我们在研磨机上试制的松脂混合剂是胶粘产品中的一种。我们将用托利山研磨机研磨出的材料生产一批产品，和现用的研磨机生产的胶粘产品进行对比。"他接着还解释了此次测试的具体评估标准。

我们做了测试，客户将样品材料带了回去。一周后，我们致电客户："您对最终制样分析的结果如何？达到预设的标准了吗？"客户说达到了。我们便接着说："按照约定，如果这台机器达到了您的预期要求，您就应该下订单了哦。"

这让销售过程变得更为简单了，不仅对我们，也对客户，因为客户清楚地知道他想要什么。在测试成功后的一周内，客户下了订单，并对我们的设备非常满意。

T50 软膏研磨机

在另一个案例中,我们刚刚为软膏研磨机产品签下了一家分销商。一天,这家分销商打电话说:"我有一个潜在客户,但在采购前,他想和我一起到圣地亚哥的办公室看看,客户希望机票费用由托利山公司承担。"

此时,我们确实希望客户前来拜访,欢迎客户来参观生产设备,看看员工是如何工作的,客服部是怎样为客户服务的。然而,我们无法承担所有的潜在客户来访的机票费用。一个经营模式健康的公司是不可能支付这类费用的。

但与其告诉经销商"不可以",不如这么说:我们需要知道这个潜在客户何时需要这台机器、客户的预算金额,和其他可以帮助判断该客户的一些问题。在得到这些问题的答案之前,我们无法确

秘诀6

正面引导：提问是个技术活　问对问题事半功倍

定这位客户是否值得承担机票费用。

与这位经销商实际交谈的方式也带来了不同的效果："您是我们非常重要的经销商。您能够尽可能找到更多的客户对我们来说很重要。无论何时，无论机票费用多少，我们都欢迎您来公司，和大家喝上一杯。"这让这位经销商知道我们重视他的服务，高度认可他为公司所做的一切。

接着，我们说道："然而，我们知道您的时间很宝贵，希望您能有较高的成单率。在正式向这位客户投入时间和金钱之前，您能否再和这位客户通一次电话，问一下客户何时需要这台机器、预算是多少钱？"

这让这位经销商知道我们重视他的服务，高度认可他为公司所做的一切。

这位经销商表示，他理解我们的立场，感谢邀请。他非常愉快地与客户通了电话，向客户询问了这些问题。原来，这位客户想开一家药店，但并不熟悉这块业务，他只是想过来看看机器是否适用。

了解到这一点，我们的精力便集中在帮助客户理解药剂的配制流程，并向客户介绍此流程中需要用到的所有设备，而不是买单请客户飞一趟。与此同时，我们也帮经销商让其精力更加集中。通过正面引导，能够在婉拒客户要求的同时，让客户感到舒服。

正面引导对达成交易同样重要，我们在之前的讨论有过类似的表述，即了解客户的真实需求，通过提出正确的问题达成交易。

如果你不问客户"我们想获得您的订单，您还需要我们做什么？"你将无从知晓客户的具体想法。

有些客户行事直率，会主动评估自己的选择，根据自己的标准和预算做出决定。但还有一些客户却并不善于决策，他们或许预算有限，或许并不急于使用设备，又或许担心我们的设备性能不够出色。

当客户表现出犹豫，或当向其致电、写邮件后很长一段时间都没有回应的话，我们就会主动打电话询问："对于您与我们接洽了解产品信息，我们感到非常非常的荣幸，希望能够为您提供优质的服务。为了推进合作，您看还需要我们做什么？"

秘诀 6

正面引导:提问是个技术活 问对问题事半功倍

有时候,我们会和客户开玩笑,博客户开怀一笑,增进彼此间的交流。还有的时候,客户需要更大的折扣或是灵活的付款方式。但如果你不问客户"我们想获得您的订单,您还需要我们做什么?"将无从知晓客户的具体想法。

这种方法并非每次都能奏效,但在有些情况下非常管用,尤其是当你打电话给客户而不是发邮件时。有时客户会承认是预算的问题:他们只有 8000 美元的预算,但我们的设备价格是 10000 美元。

有时为了完成月度销售目标,我们需要 8000 美元的订单,并且可以给客户 1500 美元的折扣,但这样的优惠可并不是白给的。

比如,我们对一个有类似情况的客户说:"在您使用设备满意的情况下,如果能给我们出具一份简短的产品推荐信,或提供一些图片和视频来展示机器的运行,我们可以给您优惠 1500 美元。这一优惠价格在两周内有效。如有需要请告知我们。"最后我们与客户以 8000 美元的价格成交,客户也同意了上述条件。

客户感觉很棒——他以理想的价格买到了机器——我们也感觉很棒,因为我们完成了销售目标,收到了推荐信,卖掉了机器。

创业真经
从白手起家到明星企业

> 谨记：不要问客户是否准备下单；而是问客户：为了推进合作，您看还需要我们做什么？

如果客户并不急于使用设备，他们会说"可能会在两个月内购买"，那么，你可以告诉客户，如果能在1个月内下订单，就可以获得折扣优惠。这样做能够刺激客户采取行动。

谨记：不要问客户是否准备下单；而是问客户：为了推进合作，您看还需要我们做什么？有时候，客户会敞开心扉，告诉你明确想要的是什么。

在实践正面引导的过程中，清晰明确地传递信息至关重要。

有一个关于烧结炉产品销售的实例。此款烧结炉设备体积庞大，结构复杂，必须在客户的厂房进行安装。在最后验收之前，客户要对机器测试。有时，在验收完成前，客户会有10%的尾款未付。

曾有一位在加利福尼亚州的客户购买了这款烧结炉设备。设备安装好之后，客户仍少不了问题、疑虑和要求，这都是可以理解的——但在这个案例中，他们的问题不断，我们刚解决一个，他们

秘诀 6

正面引导：提问是个技术活　问对问题事半功倍

又会提出其他要求。

或许这位客户总是担心设备会出问题，所以在百分之百确认没问题之前，客户总是不愿意结束验收工作。况秀猛直接问他："在验收工作完成之前，您能否将希望我们能为您做的工作事项列一份完整的清单？"

让客户提供清单——并让客户答应：一旦我们完成清单中所列的事项，客户就完成产品的验收并支付尾款。客户将能想到的所有潜在问题列入清单发过来，我们按照客户的要求，逐一完成了所有事项，然后客户也验收完烧结炉设备。

有时候，在向工作伙伴寻求帮助的时候，我们也需要运用类似的策略。有一位客户的抹刀无意间落入软膏研磨机的投放口，设备停止运转。我们的系统应用工程师猜测变频调速驱动可能被弄坏了，但也不能完全肯定。在客户所在的那个地区，没有公司的售后服务中心，所以解决办法是找一名持证电工和公司签订合同后，去客户的工厂检查机器。必要时，请这名电工为客户更换变频调速驱动器。

那天是周一,我们将情况告诉系统应用工程师并问道:"大概会需要多长时间解决问题?"工程师联系了那个地区的合同电工,回复说机器可以修好,有一名合同电工能够在周五前往客户设备所在的地点。

但阴差阳错,我们的工程师忘记将变频调速驱动器的备件发给**客户**,也忘记与这名合同电工预约前去维修设备的时间。这意味着**我们将浪费整整一周的时间**,而这是一家公司不想失去的优质客户。

我们没有让这位合同电工重新选个时间,而是说:"这是我们一个非常非常重要的客户。如果您能尽快帮我们解决客户的问题,也就是在帮我们从客户这里获得更多的业务。客户要在下周二前修好设备并能够正常运转,能办到吗?"这样一来,我们将最后期限明确地告诉了这位合同电工,而不是让他来决定时间。

听起来我们并没有直接给他规定时间。相反,我们对他进行了正面引导,"客户要在下周二前修好设备并能够正常运转,能办到吗?"

　　从中可以学习到的是,对于那些可以帮你为客户和公司提

秘诀 6

正面引导：提问是个技术活　问对问题事半功倍

供更好帮助的人，你需要给予正面引导，给他们明确的目标。

事实上，这位电工联系了该地区的其他合同电工，想尽一切办法找到能够在下周二之前前往客户工厂的电工。工程师隔天将变频驱动器送达给客户。周二，客户的机器就修好了。这是一个成功案例，从中可以学习到的是，对于那些可以帮你为客户和公司提供更好帮助的人，你需要给予正面引导，给他们明确的目标。

正面引导适用的场景有很多。公司的很多雇员并不是土生土长的美国人，但况秀猛非常重视员工，如果他认为某个员工对公司很重要，便会尽所能去帮助他。

有一次，有位非常优秀的女员工的工作签证需要延期，并且希望获得绿卡，况秀猛非常热情地帮助她，甚至自己花钱为她聘请了律师。然而，由于她是市场人员，而非工程师，所以要想证明她的工作很难被取代非常困难。他们咨询的一位律师认为，她获得绿卡的可能性很小，所以不想接这个案子。

我们的错误在于，当时直接询问了这名律师，给了他说"不"的机会。

善用正面引导,你就不会听到否定的答案。在解决问题的过程中,善于调动他人,与他人互动,就能无形中让他们成为你队伍中的一员。

几天后,况秀猛再次联系这位律师并问道:"需要我们怎么做才能帮她获得绿卡呢?比如,如果她发表过科技论文,或者获得过某个组织的奖项是否会有帮助?"这样一来,这位律师的积极性就被调动起来,打开思路,积极寻找那些能够证明这位女员工对公司和美国均有价值的材料。他不再拒绝,接下了这个案子。况秀猛提问题的方式,使律师愿意参与并寻找解决办法,而不是仅仅说"不"。

善用正面引导,你就不会听到否定的答案。在解决问题的过程中,善于调动他人,与他人互动,就能无形中让他们成为你队伍中的一员。

FROM START-UP TO STAR

20 SECRETS TO START-UP SUCCESS

秘诀 7

无效沟通：麦琪的礼物

无效沟通：麦琪的礼物

不知读者是否熟悉欧·亨利的经典短篇小说《麦琪的礼物》。

故事讲述的是一对相爱但清贫的年轻夫妇在圣诞节时所面临的困难。他们都想给对方买一份礼物：妻子想给丈夫珍贵的手表配一条表链，而丈夫想给妻子买一把漂亮的梳子，用于打理妻子一头亮丽的长发。

大逆转的结局出现了：妻子卖掉一头长发给丈夫买了表链，丈夫卖掉手表买了梳子。圣诞节的早晨，两人充满爱的礼物，都变成无用的东西，但因为他们对彼此的付出，两个人的关系更亲密了。

这是一个感人的故事，但也是有关无效沟通的典型教材，同时

也是仅凭自己的想法而不清楚了解他人所要或所需,就贸然行动以致带来严重后果的教训。

这种无效沟通也时常发生在商业领域,我们也曾遇到过类似情况。比如,为了给某位客户创造惊喜,我们决定免费为他购买的设备进行一些预想不到的功能更新,但结果却令我们很意外,客户说他并不高兴。怎么会这样呢?客户实际支付的是白银的价格,我们给的却是黄金呀!

并不是客户不喜欢黄金。我们之所以给客户提供免费升级,是因为珍视彼此的合作,并且希望以此向客户展示来自我们的关心,但问题出在我们对所做的这些事情未能事先和客户沟通。倘若我们与客户一开始就进行了良好的沟通,客户应该会很满意,而不会不高兴了。

就我们的亲身经历而言,此类无效沟通的案例在亚洲人身上发生得更多,因为亚洲人心思更为细腻,一般不会公开表达情感,即使是在我们至爱的人面前。但是,这种在亚洲行之有效的细腻心思在西方文化中并不适用。谨记这一点非常重要。

秘诀 7

无效沟通：麦琪的礼物

在客户工厂安装的带式传送炉

一名客户正在用带式传送炉进行太阳能电池的研究

我们曾向威斯康星的一家大型汽车零部件制造公司出售过两台大型熔炉设备。这是一个非常重要的客户。当客户反馈烧结炉设备的风扇有问题时，我们决定马上免费为客户寄送新的风扇。

按照以前的方式，我们会给客户发一封简短的邮件，邮件会这

71

样写："尼尔，非常感谢您的来信。今天，我已用快递给您发去了两个风扇。"然而，经验表明，这样的姿态并不总能向客户表达出我们想要表达的关心与忠诚。

于是，我们在邮件中这样写道："尼尔，一直以来，您都是我们重要的客户。我们会一如既往、竭尽全力让您感到满意和愉快。您对我们非常重要，我们在此为您提供了两个风扇备件，并已快递发货，费用全免。"最后我们还附上了运单号。

这样做的首要影响是清晰地表达出了我们对客户的关爱。事实上，即使是在技术行业，人们也会基于情感上的纽带来购买产品。

我们想要客户感受到这种关爱与关注，而不仅仅是服务。并且，始终坚持这样做也是很重要的。这样你便不会像欧·亨利小说中的主人公一样，因收到无用的礼物而失望了。重要的是了解客户的意图，并努力从他们的角度洞察他们的想法。

事实上，即使是在技术行业，人们也会基于情感上的联系来购买产品。

秘诀 7

无效沟通：麦琪的礼物

你读过蔡美儿写的《虎妈战歌》吗？这本书主要讲述她用严爱的方式抚养自己的女儿们，并对她们寄予最高的期望。书中探讨了这种方式如何在有些方面起作用，而在其他方面却会适得其反。

就其本质而言，她一直努力所做的就是将自己的爱传递给女儿们——但她的做法有点过了头，在部分时间里都是过于严厉的，反而没能表达出自己潜在的情感。

她其实想告诉女儿们的是，我深爱着你们，所以要确保你们能够在残酷的竞争中生存下来并茁壮成长，因此你们必须努力学习。

这是她表达自己关爱的方式，但却不是女儿们真正喜欢的方式，这反而会让她们不高兴，并对那些她们看来不可能实现的要求表示厌恶。

> 重要的是在交流中努力换位思考。

在交流中努力换位思考十分重要。假设有这样一个场景，妻子生病卧床一整天，丈夫回到家中见妻子仍在睡觉，便轻轻关上门，走进厨房，开始打扫卫生做家务。妻子没有感到高兴，反而觉得伤心：他为什么就不愿意花一点时间，问问她的身体情况如何呢？然而，丈夫的观点却是："你身体不舒服，所以我就安静地去把家务活做完，这样你就会有更多时间休息了。"

这是婚姻中无效沟通的典型案例。况秀猛自己也有一次类似的经历。他的妻子结束在中国的旅行回到美国时，况秀猛买了一束玫瑰花到机场接她，并相信妻子一定会感动。然而，妻子并没有很感动，见到况秀猛的第一个问题就是："你为什么要浪费钱买花？"很明显，他表错了情（也白花了钱），原因在于他不清楚妻子真正想要的。

这些"相互误解"的沟通会以各种不同形式让事态发展事与愿违。我们曾与一家地处纽约州北部的大型制造企业合作，并且刚刚帮助他们购买和安装了一台非常昂贵的烧结炉。由于安装上的一处错误，烧结炉的一个关键零件——消音器被烧坏，我们需要立刻更换该零件。

我们写信给供应商，很快就得到了他们的回复，并询问了更多信息。我们作出了回复，然后供应商给了报价。就这样来来回回好几封邮件，最终我们订货并转账。他们开始生产，然后发货。

秘诀 7

无效沟通：麦琪的礼物

如果你看到我们之间的沟通邮件，会发现这是一个有求必应的供应商，把你放在首位。他们在沟通方面做得很好。但问题是，我们的一座高产量工厂要关停一个月左右，而当月的损失是巨大的。这家供应商如何才能更好地为我们提供服务，并让我们感受到自己是他的重要客户呢？他们该如何展示对我们的关爱呢？

我们也曾有过遭遇类似问题的客户，但处理方式稍有不同。首先，要明白这对客户生产造成的影响有多严重。如果是需诊断的问题，要立即查找根源——重要的零部件第二天就到，并有技术人员协助安装。

我们的态度是，费用是次要的，最主要的是让工厂尽可能以最快的速度重新运作起来。我们做生意已有十年之久，从未遇到过欠款不付的客户。他们对我们的服务和传递给他们"你们很重要且深受尊重"的信息都心存感激。

这种转机意味着一旦找到了问题的根源，解决这个问题就只需要 8—10 天，而不是一个月之久。通常，我们在货款到账之前就先给客户发货了；一旦确认他们收到零件了，公司的技术人员便会上门维修。将服务时间缩短了 20 天，便能够很大限度地减少由于无

法生产给客户带来的损失。越能更好地明白客户的需求，越能更好地和客户沟通并为客户服务。

他们对我们的服务和传递给他们"你们很重要且深受尊重"的信息都心存感激。

文化背景的不同也会影响到沟通，这不仅指我们的客户，也包括国外的供应商们。公司的业务遍布全球，货物发往约60个国家。我们在中国大陆拥有一个生产工厂，在墨西哥有一家供货商。

在向新员工介绍公司文化时，我们确保他们明白，当和这些区域的客户交流时，需要考虑到不同的文化背景。因为美国一直被认为是富强的国家，如果可以的话，很多工人都会选择去美国。因此，当公司员工和这些工厂交流时，在说话和表达上，我们必须注意语气，避免让客户有"我们是故意屈尊"的错觉。

也许，在沟通过程中会存在失误；当然，必须指出这些失误。但好的策略是，在沟通交流前先说一些赞美的话——比如对其他项目做得好的一些地方表示赞赏。

秘诀 7

无效沟通：麦琪的礼物

最好的方式是，通过询问问题，引导他们自己发现在这一过程中所犯的错误。过于直接的方式常常会适得其反：比如"这批货怎么回事啊？你怎么没给我运单号"，听起来就像你真正想表达的是，"我的职位比你高，薪水比你多，不尊重你这位同事"。

在你提任何要求之前，花一点时间思考，要谈话的对象会对你的话产生什么样的反应。不要和对方起争执。到了最后，结果比你的自尊更重要。

况秀猛之前曾供职于日本的京瓷公司，这家企业在墨西哥有一个工厂。每周他要去工厂一到两次，会经常和同事一起外出午餐。

对于况秀猛来说，午餐非常美味，并且按美国的标准来看，价格也并不贵。但是，况秀猛的墨西哥同事却经常会找借口拒绝共进午餐的邀请——最后况秀猛才明白，那些便宜的午餐对只有微薄工资的墨西哥同事而言并不便宜。而自己替他们买单，也让同事们感到非常不舒服。

基于同样的原因，为了不冒犯那些工程师和合作伙伴，委婉地提出批评意见是很重要的。否则，一不小心便容易表现得像自大有钱的美国人——即便你是中国人。如果让其中一方陷入被动的局面，最终将一事无成：每个人都在不停地说，却没有一个人在倾听。

> 从事全球业务，意味着你必须要有一颗能够理解对方的同理心。

实际上，因为美国是世界第一大国，很多人都想去美国，但是他们往往又因为各种原因去不成，所以对美国怀有复杂的情感。从事全球业务，意味着你必须要有一颗能够理解对方的同理心。

FROM START-UP TO STAR

20 SECRETS TO START-UP SUCCESS

秘诀 8

与客户的幕后者谈判

秘诀 ⑧

与客户的幕后者谈判

你与潜在客户间的谈判常常并不像表面所呈现出来的那样。很多时候,真正要跟你做买卖的人甚至不在现场——尽管你没必要知道这一点。

有一次,一位销售同事正通过邮件与一位圣地亚哥公司的工程师沟通。况秀猛看到邮件中的通讯名单,就知道那位工程师并不是实际的决策者,而是邮件中被抄送的那个人。

他告诉这位同事:"当你与客户交谈时应该这样:你需要知道谁是决策者,决策者期望得到什么。然后,你试着站在决策者的角度,去思考他可能会提到的问题的答案。"

作为一名工程师,况秀猛知道,邮件另一端的工程师对我们公

司的技术很满意,但是,这并不足以让有决策权的非工程师出身的副总裁完全确定我们公司的产品就是他所需要的。从副总裁的角度来说,他很困惑,也没有时间和耐心读完之前我们和工程师沟通的25封邮件。

况秀猛告诉这位同事:"在这一点上你们要注意,即使我们即将拿到客户的订单,也要确保能说服有决策权的副总同意该订单,虽然你没有机会见到他或跟他面对面地交流。他想要知道的是,这台机器可以正常运作,价格最优,并且交货及时。我们要确保对方工程师对此很满意——与此同时,也要确保副总拿到最后方案时,会同样感到满意。"

同样很重要的是,你要意识到很多信息会淹没在冗长的邮件中。因为你和对方工程师已在一起密切合作了很长一段时间,这是多次讨论的成果。因此,在最后的邮件中,一定要确保你的总结清楚简洁,以便对方将此邮件转发给其他工程师或副总裁时,所有的一切都清晰地列在第一页上面,他们也不需要梳理所有邮件来了解之前谈论过的内容。所有的选择都应明确列示出来。

敏锐是与客户幕后者谈判的关键。妥善做好自己的工作,

秘诀 8
与客户的幕后者谈判

能让客户幕后者工作得更轻松。

敏锐是与客户幕后者谈判的关键。妥善做好自己的工作，能让客户幕后者的工作得更轻松。这也能让客户幕后者和主管工作得更轻松，他们对自己在权衡所有信息后做出的决定更放心。

假设一下，你去幼儿园接孩子时，看到你的孩子正在哭，又无意中听到你的孩子和老师的谈话。可能会出现以下两种场景：A 老师可能会说："你为什么哭？"孩子说她饿了。A 老师给了她一块巧克力，让她不要再哭了。但是在相同情况下，B 老师花些时间把苹果切碎给她————一种更健康的食物。

现在，你作为孩子的父母——考虑到所有情况，尽管你的孩子是学生，但事实上你才是客户，因为你是交学费的那个人，更满意这两种情形中的哪一种？你的孩子可能更喜欢巧克力——但很可能，你更加赞赏 B 老师的选择和努力，因为她很在意你孩子的健康。

在生意场上确定谁是客户是很重要的，因为他们是我们唯一的收入来源。如果我是孩子的父母，会很满意 B 老师，还会很高兴地在朋友圈中分享此事："如果你正在找幼儿园，我知道一家特别好的。这位老师充满爱心和关怀,把孩子照顾得很好。"我根本不会去问 A 老师她为什么不像 B 老师一样做。

同样,当为客户提供服务时,我们的工程师也可能没有机会向客户或客户的副总裁推销公司的产品和服务。因此,需要帮助我们的联络人/客户代表去说服决策者。

很多时候,交易是这样的:采购部发出询价单。同样,当我们推销产品时,需谨记,这只是一个渠道。当我需要解决客户对价格和发货速度的担忧时,对我而言,重要的是要知道最终谁将使用机器(比如公司备受赞誉的三辊机),以及他们打算用机器做什么。因为这些人才是决策者。

通常,公司里具有工程师背景的人拥有决策权。从工程师的角度来看,他的主要职责是及时完成工作。对于采购者来说,其主要职责便是确保尽可能以最低的价格购买到产品。

工程师可能会说,"我不关心产品价格,只需要确保此项工作可以按时完成"。采购者可能将与三个潜在供应商谈判,以确保在规定的时间内完成采购任务。

秘诀 8
与客户的幕后者谈判

我们的首要任务是，说服询价者，让他们相信我们可以做好工作。首先，我们需要在采购者那里树立信誉。采购者将会把报价转发给他的工程师，说："我拿到了份你一直在寻找的铜钨法兰的报价。您觉得如何？"

因此，首先从工程师的角度来看，他感到很舒心："看，他们知道自己在做什么。"如果没有这种自信，价格和交货期都是没有任何意义的。当采购者收集了一大堆报价单，转发给相关工程师进行审批时，这些工程师一看便说："我们和这家公司合作吧。他们让我很放心，可以为我们提供优质的产品。"

就以联合国为例，很多谈判的会晤地点都定在纽约，但实际上代表们都是回到自己国家后再做出决定的，而不是在联合国办公室。这就是为什么你需要确保在沟通中，要给未出席的谈判者应有的尊重，留出足够的空间，给他们很多的信息。

此外，确保你所经手的交易是一笔决策者能接受的交易，因为那位决策者才是你真正的观众。你和与同处一室的人交谈的态度，要像对待不在房间的真正决策者一样。

采购者的工作就是找到一个质量既好又稳定,且价格最低的供应商,而工程师的工作是确保"我要拿到一个好的产品,并且完成这个项目",他们几乎不会关心价格。

这就是为什么你需要确保在沟通中,要给客户幕后的谈判者应有的尊重;留出足够的空间;给他们很多的信息。

如何与客户幕后者进行谈判,是在大多数人的日常生活中都会用到的、但没察觉到的技巧。

以况秀猛和他的妻子为例,况秀猛经常搭乘飞机,积累了很多可兑换的里程。从亚洲起飞回美国或到亚洲去,都是一个非常漫长的旅途,有时,需要长达十三至十四个小时。如果你没有空间躺下来休息,就会觉得疲惫不堪。

况秀猛的岳父母住在天津,有一年要去加利福尼亚州看望他们。他觉得给岳父母升级机票舱位,将会是给他妻子的一份很棒的礼物,也让岳父母有更舒适的空间。虽然这并没有直接让自己受益,但意味着他的岳父母会有一个更好的旅行,并将对他的妻子说——"嘿,你的丈夫真是一个体贴的好男人!给了我们一次这么

秘诀 8
与客户的善后者谈判

好的旅行。"这无疑会让他的妻子很开心。

和客户建立良好的关系,对企业各方面的盈利都有积极的影响。就以及时付款这个问题来说,这在某种程度上让大多数小型企业很头疼,特别当你有国际业务的时候。

在美国,结款周期通常是 30 天,也就是发货后 30 天就能收到货款。一般来说,我们也接受 45 天或 60 天的结款周期。不管怎样,即使付款晚到账,依然是可以预期的。

但是,有些中国企业付款慢很多,通常说好结款的日期,但常常因为诸多原因会晚很多天才能收到货款。这些缓慢的现金周转,往往会给类似于我们这样的小企业造成很大的现金流困难。

当前,在做生意的时候,中国人喜欢给对方赠送礼物,这种行为恰好与美国人的思想相悖。我们不希望在交易过程中出现送礼这种现象,因为违背了公司的商业道德。其次,生意都是有盈亏的,送礼也是一项开销。如果你总是将现金赠送给他人,那么可能永远都无法赚钱,甚至无法支付员工薪酬。

与客户建立良好的关系,对企业各方面的盈利都有积极的影响。

但其实有其他更好的方法,让你和客户间建立有意义的联系。况秀猛总是试着与客户建立友谊。例如,最近他去拜访一位客户时,留意到这位客户的父亲也参与了此次会议,并且每隔半个小时左右就要去一次洗手间。

正如你可能知道的那样,这是老年人中特别常见的前列腺肥大的问题。尽管在某些国家的文化中,赠送礼物给正和你做生意的人是可以接受的;事实上,他们也期待收到礼物。但在美国却不是这样的——但可以通过微妙的方式来表示你对重要客户的关心和关注,可以采用灵活的方式给他们赠送礼物,而不违背道德、法律底线或冒犯他人。

况秀猛听说过一种叫锯棕榈的天然草药,对前列腺肥大有一定的治疗作用。于是他给客户送了一瓶,并附上一张纸条:"希望这个草药对你父亲有所帮助。"事实上,这种草药确实有效果——客户和他的父亲都被况秀猛的体贴深深打动。客户的父亲告诉他儿子:"况秀猛真是一个体贴的人啊!"正是这种支持,能让况秀猛

秘诀 8
与客户的幕后者谈判

在商业道路或个人生活中走得更远。

政治生活也同样如此,需要与不在场的决策人完成谈判和沟通。当总统或总统候选人在国外演讲时,谁是他真正的观众?当然是那些在美国观看他们演讲的选民。

当我们向商业伙伴或潜在客户传递重要信息时,必须确保此信息囊括了他们决策过程中所需的所有信息——包括那些在幕后拥有一票否决权的决策者。

你可以这样构想一下——当你与采购者讨论产品报价时,应该与采购者携手合作,去和幕后的最终决策者进行谈判。

> 当你与采购者讨论产品报价时,应该与采购者携手合作,去和幕后的最终决策者进行谈判。

FROM
START-UP
TO
STAR
20 SECRETS TO START-UP SUCCESS

秘诀 9

购买决策——如何克服高情感障碍

秘诀 ⑨

购买决策

——如何克服高情感障碍

在整个销售过程中,最困难的部分无疑是决策,你必须克服各种障碍。

根据维基百科的定义,活化能是一个化学名词,又被称为阈能,用来定义一个化学反应的发生所需要克服的能量障碍。这类似于汽车的点火装置。当你启动汽车时,需要大量的能量。车子会振动或发出噪音,但是一旦启动,就会进入稳定阶段,只需很少的能量便能让车辆保持前行。

一般来说,我们刚开始和客户接触的时候,一切都很稳定:我们发出报价,他们做出回应。但往往就在快要拿到订单时,客户有时会需要更多精力来克服情感上的障碍;换言之,你遇到麻烦了。这就是所说的高情感障碍。

不过,一旦通过这些障碍,他们将回到稳定期和舒适区,接下来的一切都将顺利进行。因此,首先,我们要帮助客户克服高情感障碍。一旦客户处于舒适区,他们将很容易作出决定并继续交易。

> 首先,我们要帮助客户克服高情感障碍。一旦客户处于舒适区,他们将很容易作出决定并继续交易。

你是否注意到,在签订合同时,如果签字时只需写名字的首字母,你通常都会迅速地签完——但当你被要求在合同上签全名时,更有可能停下来,在签名前仔细阅读。这就是情感障碍在发挥作用。

公司首席执行官况秀猛是一名高水平的演说家,但在上台演讲前,他会有情绪上的障碍(感觉紧张,手掌出汗),每一次演讲都会这样。不过,一旦他站在舞台上开始演讲,又会再一次变回为高水平的演说家。

我们的客户订单往往超过10万美元,甚至更高。他们一旦将设备投入生产,便是一笔巨大的投资,也是一份郑重的承诺。如果机器不能运作,客户自己很难进行调试,退换这种大型机器也不现

秘诀 9
购买决策——如何克服高情感障碍

实。而且在安装之前，他们会做很多准备，投入大量安装成本。

考虑到这些，便能理解客户在购买这种昂贵的大型设备时，可能会有情绪上的障碍。有时，如果我们问得太直接，如"您同意下单吗？"或者"您准备好下单了吗？"——这会使客户焦虑不安，因为这意味着他即将要做出巨大承诺。但是，假设他们会购买产品，我们可以通过巧妙的提问，来帮助客户避开这些障碍，让他们更容易采取下一步动作。

例如，我们可以问："现在一切都挺顺利的，能再次和您确认一下你们的要求吗？"我们不会问："你同意下单吗？"因为这很有可能激发客户的情感障碍。如果我们绕过这部分，并假设他们已经下单了，问道："7月你们能找到可用来交货装卸的码头吗？"那么，这种情感障碍便不会出现。

我们不会问他们："你想现在下单吗？"而是避开会引起焦虑客户的雷区，问："您计划7月交货吗？"这可以帮助客户进入情感稳定阶段。

另一种询问方式可以是"您能填写一下用户表格吗，以便我们

将信息录入系统"或"您什么时候需要这台机器?我们可以现在联系工厂,确保您可以按时拿到设备"。

你也可以在日常生活中使用这一对话技巧!一位已婚同事说她的丈夫不喜欢出国旅行——他讨厌一路的开销以及旅途中的不便,因此,对于她的丈夫来说,对一次旅行说"是"就足以引起他情感上的障碍。

当她问丈夫:"你想8月还是9月去意大利?"这便会让丈夫产生情感障碍,觉得"那就是我们要去的时间吗?哪个月会更好些呢?"

现在,她通过替他做决策而使整个事情变得很简单:"我们明年9月去意大利。你想去哪些地方游览?"通过这种询问方式,她帮助丈夫克服了情绪上的障碍,给他更简单的选项,从而更容易采取行动。

FROM

START-UP

TO

STAR

20 SECRETS TO START-UP SUCCESS

秘诀 10

克服优越感情结

秘诀 ⑩

克服优越感情结

销售人员都熟悉"优越感情结"——或者他们都应该熟悉。

优越感情结是什么?这里有一个简单的比喻。比方说你在树林里徒步,遇到一只熊,害怕得要命——但你知道不能示弱或尝试逃跑,否则会陷入麻烦。相反地,即使你很害怕,你也要伸开双臂并大喊,向迎面而来的熊表示你比它更强大,从而将其吓走。

十几岁的男孩子常常会大声地甚至很粗暴地去告诫他的父亲。这是优越情结的另一个例子。男孩内心想说的是"我要像我老爸一样"。他认为,大声地告诫父亲会显得自己比父亲更优秀,但内心深处隐藏着他希望像他父亲一样的真实感情。

我们常常会在潜在客户身上看到类似的行为。一次，况秀猛去拜访客户，在做完简要介绍后，客户冷漠地说道："我不想购买中国制造的烧结炉设备。"这就是优越感情结的表现。

他真正想说的是："我其实很想和你做生意，但得先灭掉你的士气，这样才能做成一笔好买卖。"买东西通常会讨价还价的人都很熟悉这种战术："这个东西你想卖几个钱？对折卖哇。"但在内心深处你真的想要它，否则就不会站在那里跟店主说话。

很多销售人员在这种情况下感到气馁，并思考："天啊，我究竟在干什么？"但事实上，你做得非常好。该客户是真的想要和你做生意。

当况秀猛听到客户关于中国产品的这番话，他的回答是："事实上，我同意你的意见。如果我是你，也绝不会买中国产品。"接着他保持沉默，沉默了大概三四十秒，以致使人觉得很不舒服。

但况秀猛知道自己在做什么：事实上，他在告诉那个客户"你在虚张声势"。毕竟，这位客户是个大忙人，有很多工作要做——但是他抽出时间和况秀猛见面，也知道况秀猛销售的是中国制造的

秘诀 10
克服优越感情结

烧结炉设备。很明显,这个客户看到了价值,否则没必要回复邮件和电话,更不用说见面了。

最终,客户打破了沉默说:"好了,我是开玩笑的。我们坐下来详谈吧。"在解释为什么公司制造和销售的烧结炉设备是优质产品,并且有很大的价值之前,况秀猛抓住机会,向客户深入介绍了中国产品:有些的确并不是那么好——再次同意客户的观点。如果有人急着做出选择,并且对所要购买的产品不熟悉,他很可能会选择美国制造的产品,因为他认定这是一个更好的机器,即使它的价格高很多。但如果你有时间去做一个详细的产品鉴定,而且存在预算限制,就会想更仔细地看看我们公司的产品。

况秀猛继续给客户建立对公司的信心,列举出一些对公司满意的知名客户:美国国家航空航天局(NASA)、歌帝梵(Godiva)、IBM、苹果(Apple)——这些名字也将让客户的品牌大放异彩。最后,他成功地做成了这笔交易。

一般来说,一个新的客户跑到你面前就说"把你的产品卖给我!"这种事很难发生。尤其是冷冰冰的电话会使人很沮丧:在你所联系的人中,大约只有5%的人才可能回复,大多数人都是拒绝。

你如何避免失去积极性呢？

你需要把销售过程看成一个连续整体——就像一根绳子。绳子的一端是"超级喜欢"，另一端是"超级厌恶"，中间是"无所谓"。

你需要把销售过程看成一个连续整体——就像一根绳子。绳子的一端是"超级喜欢"，另一端是"超级厌恶"，中间是"无所谓"。

那些处于中间的人永远不会成为你的客户。他们对你漠不关心，也不会回复你的电子邮件，更不会回复你的电话。你永远无法改变他们。

但绳子两端的人更有可能成为你的客户，不管他们最初的反应是"喜欢"还是"不喜欢"。对你而言，优越感情结的存在，可能会导致他们否定你的提议甚至充满了敌意，但是"超级厌恶"一端的人愿意与你互动，因为终有一天，他们真的很想跟你做生意。

当你拾起绳子时，绳子的两端可以连在一起。真正喜欢你的人

秘诀 10
克服优越感情结

将成为你的客户,而那些认为"我永远不会在你这儿买产品"的人,也会成为你的客户,不然他就不会去费心和你较劲了。

这一点同样适用于难缠的客户。他们会说以下这些令人沮丧的话:"什么,你在耍我吗?疯了吧!我只要花……钱就能买到"等等。当客户以这种令人讨厌的方式说话时,实际上,这是好现象,表明客户想要参与,想要谈判,想要沟通,想要讨论。所以将对话持续下去,你就会找到服务客户并推动交易继续的方法。

有时,与老客户的合作也会遇到阻力——可能还是巨大的阻力,比如货物延迟会造成客户经济上的损失。团队此刻可能充满了压力,因为他们明白这是延误交货期限的后果。

在此种压力下,客户可能会说一些情绪化的话语,因为压力使他们精神崩溃。知道这种愤怒的来源,你便能很容易地去安抚对方,用你的镇定抚平他们的担忧。

如果和客户的关系从开始就一直是完美的关系,那么这样的关系永远不会是牢固的,因为没有经受过考验。人无完人,我们都会犯错。但这些失误给了机会,让我们向客户展示我们愿意为

他们做些什么去弥补——这些经得住考验的经历,会让客户永远难忘。

知道这种愤怒的来源,你便能很容易地去安抚对方,用你的镇定抚平他们的担忧。

况秀猛的小儿子很喜欢遥控直升机,他花了29美元在网上给小儿子买了一架,但到货时,这架直升机飞不起来,妻子非常生气,决定再也不会购买这家公司的产品了。

况秀猛给这家遥控直升机公司写了一封邮件说,他听过该公司有很多好产品,但这个玩具到货时已经坏了。该公司很快就回信,向况秀猛询问了更多的信息。然后该公司免费给况秀猛送了一个新遥控直升机,告诉他可以不用退还旧直升机玩具,并对此事致歉。

这件事让况秀猛的妻子对那家公司的态度发生了180度的大转变。但是,如果没有最初糟糕的经历,她就不会知道他们的回复是多么及时,是多么负责啊。

秘诀 10
克服优越感情结

只有售后服务才能把你的公司和不那么负责的公司区别开。

每个人的产品都会遇到一些问题：也许是运输过程不小心损坏的，或货到之后损坏的。只有售后服务才能把你的公司和不那么负责的公司区别开。

与其与客户争吵，不如听他们说完，告诉他你理解他的处境。只要你的客户回应，销售就会继续。如果客户不再回应，那就是漠视，这才是你真正的麻烦。

曾有客户一大早就带着问题打电话来："你这是在要我的命啊！"她大喊道。每个人都有这样的时刻，你可能想说："我这一天才刚开始，你就要这样对我？"但她所做的给了我们一个将工作做得更好的机会，把她对我们的超级厌恶变成超级喜欢。

就在这种时候，你需要引起警觉，尽可能快地做好售后服务。一旦你的客户看到你在如何努力地解决他们的大问题，他们就会冷静下来。而你只需要找到消极情绪的来源，并冷静地以他们所寻求的安慰来克服其担忧。

况秀猛的一位朋友是一所大学的商科教授,决定辞去工作,开始创业。这是一件非常冒险的事。在他上班的最后一天,和他关系亲切而处事随意的同事走过去说:"你是在做蠢事!你有终身教职,而且工作得很好。为什么要辞职?"

大多数人听了这种话后,会觉得愤怒和反感。请谨慎对你朋友说类似的话,你可能会因此永远地失去朋友。不出所料,况秀猛的教授朋友听了很不开心,并将这件事告诉了况秀猛。

当你从那个角度来看问题时,刚开始听起来很令人讨厌的言语,其实也是可以理解的,并且很感人,因为这些言语背后隐含的是关怀。

但况秀猛告诉他的教授朋友说:"这个人在关心你。你需要透过他的话,看到他对你的关爱。他完成了作为朋友的使命:他害怕自己的朋友选错了路,正在尽力阻止这一切的发生。"

当你从那个角度来看问题时,刚开始听起来很令人讨厌的言语,其实也是可以理解的,并且很感人,因为这些言语的背后隐含的是关怀。如果这个朋友不关心你,他只会向你表示祝贺,然后继

秘诀 10
克服优越感情结

续做自己的工作。

这件事的最终结果是，况秀猛的教授朋友与其前同事之间的友谊更加密切了。

如果你家中有一名青少年，有时候你不得不表现得非常严厉，这就是所谓"严爱"的具体体现。孩子们不喜欢这样——事实上，孩子们讨厌这样，并认为你这样说话是刻薄的表现。

但在严厉之下是爱。你想表达的是："我想把最好的给你，我会和所有人作战——甚至你，来确保你得到它。"一旦你的孩子能透过这些严厉的语言发现你的关爱，他或她就会明白你为什么会这样，就不太可能讨厌它。

每个人都有各自不同的情感表达方式，很多时候，当我们在寻找安慰、支持和理解时，说话会带着怒气。

聆听措辞和语气背后的真实意思，可以让你成为一名更优秀、更有效率的销售人员，也能让你成为一个更快乐、更有安全感的人。

聆听措辞和语气背后的真实意思,这可以让你成为一名更优秀、更有效率的销售人员,也能让你成为一个更快乐、更有安全感的人。

FROM START-UP TO STAR

20 SECRETS TO START-UP SUCCESS

秘诀 11
价格与价值

价格与价值

在经营过程中，我们经常会与客户或经销商进行价格谈判。在我们看来，每次进行的价格谈判和决策都会涉及三个关键点。

首先，需要考虑从每单位销售中可获得的最大收入是多少？第二是要准确估计销售数量。第三是确定付款方案。在这三个重要因素尚未确定之前，不要向客户提供最终价格。

关于产品价值,对于客户而言，最重要的是产品的性能、质量及其整个生命周期中的可靠性。

当客户考察产品的时候，价格绝不是唯一的因素，还有许多其他因素需要考虑。其中，最主要的一点是产品能否为客户带来实际价值。有时，我们不能简单地在价格上打败竞争对手，也就是说，更加重要的是，需要考虑向客户提供的产品或服务是否是他们真实所需的。

关于产品价值，客户重视的往往是产品的性能、质量及其整个生命周期中的可靠性。同时客户还希望明确知道，是否能够随时提供迅速、可靠的售后服务。在与新客户打交道时，我们可以通过向他们展示过去的成功案例，向客户证明其所支付的每一分钱都是值得的。

假设一位客户正考虑在我们的机器和竞争对手的机器中做出选择，而且竞争对手的机器售价更低。客户想知道为什么我们的机器售价更高，这时该如何回应？

我们会让客户知道，尽管他们提到的或正在考虑的竞争对手的机器售价较低，并且眼下看来似乎也是更加实际的选择，但在做出决策时还应考虑其他因素。

我们会用图表的形式，列出公司和竞争对手的机器之间的差异，以作参考。同时，让客户了解两者在效率和性能上的全部差别。

秘诀 11
价格与价值

同时,还将提及我们的机器获得的所有奖项、高产出及更多功能,而且还含有竞争对手产品所没有的、更加可靠的高级特性。

服务也是产品的重要组成部分。对此,我们设有一个单独的服务部门,定期对产品的使用状况进行追踪和跟进,以保证客户的持续满意,而且也能够迅速更正我们存在的问题。请问竞争对手能够做到这一点吗?

在价格上,我们可能无法做到与竞争对手对等或更低,但能够通过介绍产品的其他信息,成功赢得潜在客户——产品质量、可靠性和长期服务保障足以弥补短期差价。

有时候,让客户真正看一看公司全景也是销售的关键。在最近的贸易展会上,我们想出一个发送免费彩票的主意。在展会开始前,告知所有潜在客户,这仅仅是为了吸引潜在客户前来公司参观。

超级乐透彩票仅售 1 美元,但是前来参观的或者潜在客户将有机会赢得高达 100 万美元的奖金。我们因此获取了超出这些小成本更多的利益,与此同时,有更多的观众来参观公司,并花时间参阅产品材料,而不是做其他的事情。

我们请求与他们保持联系,并留下他们所喜欢的产品信息,这样就收获了很多积极的反馈与联系人的信息。更重要的是,这将我们置于与他们的合作雷达之上,并且让他们对公司产生了好印象。

赠送一个很小的礼品,比如一张1美元的彩票,或者是给对方的一封感谢信,都是构建企业良好信誉的绝佳方法。

赠送一个很小的礼品,比如一张1美元的彩票,或者是给对方的一封感谢信,都是构建企业良好信誉的绝佳方法。例如,我们是一家小公司,但聘请了财富500强公司ADP管理员工的工资。

公司首席执行官况秀猛非常感谢ADP代表对公司的关注和帮助,愿意花时间坐下来为这位代表向她的老板(ADP的CEO)提供一份衷心的感谢信。

况秀猛说:"我想谢谢您和您公司的代表茱莉亚女士,为我们提供了优秀的客户服务。您让我们感觉自己是您的一个特殊客户。虽然每个人都听说过ADP,但因为客户数量很多的缘故,我知道你们这样的大公司通常很难做到顾全每一个客户的细节。我在圣地亚哥的一个小企业担任CEO,公司雇用了10名员工。当朱莉亚女士

秘诀 11
价格与价值

从我们的会计师手上转接我的公司之后,我们才开始与 ADP 合作。她多年来一直处理公司的工资和保险。虽然从业务规模上来讲,我们只是一个小客户,但茱莉亚女士让我们觉得自己至关重要。当需要特别支持时,我和我的员工只会联系她。而每次发生这种情况的时候,她都会给予特别支持,让我们感觉特别受到重视。请把这封信转给她在圣地亚哥的经理,谢谢。"

况秀猛收到了 ADP 公司 CEO 的回信,感谢他对茱莉亚女士的信任。而茱莉亚本人也极其高兴,因为这是她第一次从 CEO 那里收到表彰邮件。

况秀猛写那封电子邮件的时间并不长,但是作为一个公司,在传递了我们的善意之后,也会从茱莉亚女士那里得到她的回应。这种行动获得的好处是长期和双向的,同时还是低成本和高价值的。

我们经常给客户发送额外的三辊机刮刀片。他们既不用为此付款,也不用多做其他事情,我们只是让他们知道我们关心他们,并能考虑他们的需求。

我们还会在现有客户需要的时候赠送一些小零件或螺丝。有时，对于高价值的客户，还会免去运费，即使他们没有作此要求，也会为客户提供有价值的额外服务。

这样的思维来源于一本名为《影响力——说服心理学》（罗伯特·西奥迪尼）的著作。他所提出的一个关键思想是互惠概念。

在社会心理学领域，互惠原则是指对积极正面的行动，人们往往会采取另一个积极行动作为回应。作为社会建构的因素之一，互惠意味着面对友好的行动，人们的回应往往也是更加友善的、更加具有合作性的，而不是自我利益模型中的那样。

我们发现，善意姿态经常会引导我们与客户建立长期关系，他们会记住我们所做的这些额外努力，并更加乐于在将来与我们做生意。

> 善意姿态经常会引导我们与客户建立长期关系，他们会记住我们所做的这些额外努力，并更加乐于在将来与我们做生意。

我们经常会推荐或建议客户领取一项适合于他们的奖项。奖项是让世界了解你的价值、工作或成就非常棒的方式，并且为你的简

秘诀 11
价格与价值

历添光增彩。

我们曾与加州大学圣地亚哥分校的一位教授在一个项目上有过数年的合作,之后为他提名了一个奖项,他对此极为感激和高兴。这件事并没有花费什么,但对于这位教授却带来了极大价值。

FROM START-UP TO STAR

20 SECRETS TO START-UP SUCCESS

秘诀 12
最低成本和最大利润可以共存

秘诀⑫

最低成本和最大利润可以共存

这一章节是讲述如何从不同角度服务你的客户。

许多人认为商业是一个零和博弈，即如果我得到更多，你就得到更少。作为团队精神的秉持者，我们的工作是确保在以最低的成本的基础上，为公司客户提供优质的产品和服务，让客户可以保持在市场上的竞争力。

但是，在这场最低价格的比拼中，我们不会为了"最低"而免费提供产品——至少不会一直是免费的！从企业家的角度看，这就是他们往往会泄气的地方："你想说什么？你不可能既没有成本又有好的盈利，不可能两者兼得。"

> 作为团队精神的秉持者，我们的工作是确保在以最低的

成本的基础上,为公司客户提供优质的产品和服务,让客户可以保持在市场上的竞争力。

但你可以兼得。举一个关于IBM的案例。IBM公司在太阳能电池的研究中需要一个烧结炉,烧结炉的售价近90000美元。通常情况下,当客户需要烧结炉时,我们会去满足他们的需要。

IBM有预算,并且已经做好购买准备。唯一美中不足的是——这位客户的预算极其有限:40000美元。但作为供应商,我们也需要谋生。如果为了满足IBM的预算,以40000美元出售价值90000美元的烧结炉,那么我们将蒙受巨大损失。

大多数人会选择放弃,但我们不会。况秀猛知道IBM需要购买烧结炉,但他们愿意给出的价格,甚至还不能弥补其所需烧结炉的生产成本。要如何在这笔交易中盈利呢?

况秀猛最终还是做了这笔交易,因为他看到,在IBM报出的价格之外,与IBM合作本身是更有价值的。他给出了一个让IBM无法拒绝的提议:"关于这个烧结炉,我的竞争对手会以120000美元卖给你们,而我只卖40000美元,包括安装服务。我可以保证,

秘诀 12
最低成本和最大利润可以共存

产品和服务都会非常令人满意。一切都会顺利运行,而且保证机器处于最佳运行状态。只是当您感到开心的时候,请允许我将 IBM 的品牌用于市场营销。如果您不乐意,也可以不让我使用 IBM 的品牌。"

有人会说不吗?最初,我们在这笔交易中赔了钱,但得到了 IBM 允许我们使用他们品牌的承诺。在公司的网站上,IBM 这个商标所带来的价值,是我们在这笔交易亏损金额的两倍多。

我们迎来了世界各地的客户,包括新加坡理工大学、英国可再生能源中心、西班牙能源创新研究所等。毕竟 IBM 曾经成功使用过这种烧结炉!更大的愿景就是,我们能够获得合理的整体利润,同时也可以成本价格将产品提供给非常有价值的客户。

另一个例子是在凤凰城亚利桑那州的一个财富 500 强客户。这位客户想用 2 美元的预算,购买公司制造成本为 3 美元的产品。这个客户的项目需要特殊的镀镍和金,因为他们在钎焊过程要用金锡钎焊。

况秀猛想出了一个减少成本的方式,为该客户提供能够同样满

足其需求的产品——使用成本更低的置换金,而不是标准的 2.5 微米电镀金,这就有效地降低了生产成本。它能够让这项工作完成得和原始镀金的产品一样好。

在销售会议上讨论此次交易时,况秀猛对大家说,重要的是要记住:当一个客户试图购买钻头时,他真正需要的其实是用这种钻头钻出的洞孔。如果你不能出售钻头,不要感到沮丧;通过尝试不同的方式,你可能仍然能够帮助客户得到他们想要的洞孔。

> 重要的是要记住,当一个客户试图购买钻头时,他真正需要的其实是用这种钻头钻出的洞孔。

另一个客户来到公司想购买三辊研磨机,并特别要求配备陶瓷辊。这些陶瓷辊使用高密度、高强度的陶瓷材料,但制造它们需要更复杂的工艺,所以陶瓷辊的价格高于钢辊。

当客户听到使用陶瓷辊的三辊机的报价后,他很失望,这超出了他的预算。甚至在我们提供了折扣价格后,他的预算依然不够。

我们向这位客户询问了更多信息:究竟他准备用陶瓷辊做什

秘诀 12
最低成本和最大利润可以共存

么?他说在公司网站的首页上看到了陶瓷辊三辊研磨机——我们意识到他可能并没有点进去看详细信息,而且认为陶瓷辊是他的唯一选择。

当我们清楚了他购买三辊研磨机的目的之后,向他推荐了不锈钢辊版本。这种研磨机完全能满足他的需求,并且让他的成本大大减少。

很多时候,当人们要求我们做一些无法做到的事情时,我们会假设第一和唯一的解决办法是大量地投钱。如果你已经拥有全世界所有的财富,问题当然很容易解决。

降低价格至不让自己得到合理利润的水平上,其本质也就是大量投钱解决问题的另一种方式。但在运营公司时,如果你依然秉持这种思维方式,很快就会破产。

尝试去了解客户及其需求,那么你就会找到一种方式,既能够满足客户的需要,还能使你获得利润。这可能意味着你要去采取一种完全不同的策略,交付或营销你的产品。而一味地提供折扣,并不是解决问题的正确方式。

给客户最低的成本和赢得利润是可以共存的——但是你不能为了一个目标而牺牲另一个。对于一个可行的商业方案来说，两种方案都应该在考虑范围内。

再举个例子吧。我们一个员工的孩子在上幼儿园，幼儿园提供的午餐标准是5美元一天。孩子试着吃了这些食物，但是吃了一周之后，他说不喜欢，所以他们家决定取消午餐订单。

幼儿园负责午餐的女士打来电话，试图找出取消订单的原因，并说可以提供折扣。我们这位员工依然拒绝了——这种方案并不能让孩子喜欢幼儿园的食物，折扣又有什么意义呢？明智的方法是从午餐本身找原因，了解这个年龄的孩子喜欢吃的东西。之后父母才会乐意支付午餐价格，甚至乐意付出更多。

总而言之，最低成本和最大盈利能力是可以共存的，不该为了其一而牺牲其二。一家优秀的公司需要找到两者的平衡点。

FROM START-UP TO STAR

20 SECRETS TO START-UP SUCCESS

秘诀 13

坚持双赢

秘诀 ⑬

坚持双赢

坚持双赢极其重要,然而忽略这一点是很多小型企业主常犯的错误,尤其是那些有工程背景的创始人。他们通常害怕被客户认为赚了大钱,总是认为如果要服务客户,必须做出牺牲,必须花钱解决问题。但在经营中,你必须坚持双赢。

坚持双赢极其重要。

原因:一家企业有五个关键的利益相关者:员工、客户、供应商、股东或所有者,还有社会。对企业来说,至关重要的是,同一时间与所有这五个利益相关者建立一种双赢关系。

首先是员工。公司必须确保员工待遇公平并享有权益,还必须确保员工有成长的机会。这就是获取和留住最好员工的方法。

我们是一家小公司，不能够支付像谷歌、脸书、苹果、高通或其他同类大公司那样的高薪酬，但我们能够提供其他价值。

事实上，从员工的角度来看，我们公司所能给予的通常能够超过那些大公司可以给予的。公司的目标是为员工提供整个价值包——努力让员工确信他们的工作极富价值，并且有机会成长，学习公司其他领域的经验。公司规模较小，这实际上意味着我们所能提供的价值更高。

我们认为，同样的价值理念适用于客户、供应商和我们所在的社会之中。对于客户在意之处，你必须提供超过客户期望的价值，使他们得到的价值总是高于支付的成本。双赢的关系是一种价值交换，这种价值交换与成本是不同的。

我们从来不做公司受益但危害社会的项目。人们常常能看到，制造型企业往往忽略社会效益，污染环境。特别是一些化学工业的生产设施产生了大量的废气、废水，以至污染了空气及水源。在那些监管水平低的国家，此种情况尤甚。

当我们谈论双赢的时候，论述的是价值互换，这与所涉及

秘诀 13
坚持双赢

的成本和金钱是不一样的。

在一些国家和地区,一些化工企业经常将工业废料倒入水源。在 40 或 50 年前,美国也发生过这种事情。这些企业家可能认为自己是在节约钱,他们是赢的一方。但社会蒙受了重大损失,这是令人无法接受的。

当我们谈论双赢的时候,论述的是价值互换,这与所涉及的成本和金钱是不一样的。

举个例子:我们有一个设备,通常售价为 11000 美元。在什么条件下可能愿意免费提供呢?如果奥巴马总统说"我需要一台三辊研磨机",我们会非常高兴地免费给白宫发货,并且自己出资,让工程师前往帮助安装调试。因为像奥巴马总统这种客户的潜在市场价值将远远超过 11000 美元。

有时急于渴望盈利的初创企业对于单赢太过于贪婪:"嘿,我们刚刚开始,需要奋发向上。"有时候,失利也并非是件坏事。钱也并不是你应关注的一切。

你该想想"我有一个光明的未来"。去寻找一个你和客户双赢的方法,并保持创新思维,但这并不容易。不过,如果这不是一个双赢的办法,那就不要去做。

在你的生活经验中,或许曾经见过一些人,持续不断地做善事,但却感到精疲力竭,尤其是慈善家。这种现象在慈善志愿者中尤为常见。他们觉得自己的行为没有得到感激,因此感到沮丧,原因在于他们的行动没有得到价值回馈。

人们在这些行为中不断地衡量、比较,如果他们认为自己一直是单方面付出,终将会退出或放弃。但是,价值回馈不一定非要用金钱衡量,它可以是人们对善意行为的欣赏;可以是一种鼓励;也可以是大会上获得的一个奖项或者取得的认可:"这次大会的成功是因为某某人在后面默默地支持。"

这种回报更像是一种情感回报,可能也是更可持续的。

在美国,我们曾有过一个很棒的销售代表,他的收入以佣金百分比的形式计算。每当他完成一笔交易,就会得到一定百分比的佣金。他有可观的收入,但有时佣金会有浮动,这取决于经济形势。

秘诀 13
坚持双赢

这位销售代表向公司 A 售出了价值 30000 美元的一笔产品。此时美国经济略微滑坡,但公司 A 依然能够保证每年 1000 万到 1500 万美元的销售业绩。此时公司 B 与公司 A 极为类似,所用的产品也是一样的。公司 A 有很多已购买、但尚未使用的库存,于是销售代表为两家公司想出了一个解决方案:他让 A 公司转售暂时不需要的产品给公司 B,帮助公司 A 资金回笼,并为公司 B 办理托运业务。这是个良好的且深思熟虑的行为——这种事应该多做,特别是经济衰退时期。

当时这位销售代表的销售业绩已经非常堪忧,这件事又耗费了他极大的精力,并且没有产生任何佣金。所以,这位销售代表后来颇为后悔,并且认为这种行为做一次也就够了。

其实,一位好的销售代表应该做这些事情。帮助客户走出困境并没有任何错误——即使他未从中获得任何佣金。

实际上,他真正需要的是实现包括他自己在内的双赢。如果你为朋友提供了友善帮助,但自己总是没有获得任何回报,一开始帮助几次,你可能并不在意,但最终总会达到一个临界点,当朋友再需要帮助的时候,你就不愿再度出手,因为你认为自己在其中没有收获。

你基本上是志愿服务，而这对你并不公平。如果让这种单边效应持续太久，你甚至会变得很痛苦。而你的朋友则会对此感到诧异：为何他不再帮助我了？事情发生了什么变化？其实是你变了，因为你看不到双赢的结果。

如果这个销售代表发现了一个不同的产品，也可以满足客户公司A的其他需求。将公司A的多余库存拿走时，同时将其他产品卖给公司A。他可能在促成交易时，收取了合理的佣金，而不是纯粹帮助公司A处理过剩库存，没有任何报酬，尤其是在他经济上很需要收入的时期。

当你帮助朋友时，最好确保你也能获益。这对于家庭生活同样重要。可以看到，很多年轻妈妈疲惫不堪；她们结婚生子，所做的就是赡养家庭、抚养孩子。她们满心想的一直是给予、给予、给予，到头来却觉得没有人照顾她们自己。这实际上给家庭带来极大压力，即使丈夫关心妻子，并且想要尽到自己的一份责任，妈妈们也会感到疲惫不堪。

这些妈妈们渴望的是一种承认，一种价值体现。这项价值就是像由衷地承认那么简单：一束鲜花、一封情书或是赞美就可以。也

秘诀 13
坚持双赢

许找一个周末远离孩子,就可以让她们彻底放松心情,重新认识到自己的价值。

人人都可以有善意,人人都可以有一颗伟大的心灵。但是我们首先需要照顾好自己。

你认真听过航空公司在飞行前的安全指导吗?如果氧气面罩掉下来,在帮助别人之前先安置好自己的。这种原则也适用于业务和人生。

我们为客户服务,为利益相关者服务。同时,总是要记住我们也有自己的利益。如果在合作中没有得到对自己有价值的东西,那么就需要重新规划蓝图,反思哪些是优先事项,以确保当我们参与一些活动时,公司的利益也可以得到保证。

> 人人都可以有善意,人人都可以有一颗伟大的心灵。但是我们首先需要照顾好自己。

况秀猛热衷于志愿活动,他为国际微电子与封装协会(International Microelectronics Assembly and Packaging Society,简称

IMAPS)志愿组织各式会议。当人们问他:"嘿,你做了很多志愿工作,这是为什么?"

况秀猛总是回答说:"我热衷于无偿志愿,因为我是自私的。我做志愿者是因为我有业务。我愿意为那些能够让我和潜在客户接触的机构免费工作,还能以此向我的潜在客户展示我是一个可敬的人,并且知识渊博、值得信赖。"这就是况秀猛和 IMAPS 的双赢。

他的商业利益滋养着他的志愿精神,所以他的善意能够持久。他还为美国糖尿病协会组织竞走募捐活动,并鼓励自己正在申请高中的儿子参与进来。这不仅是让孩子懂得回馈社会,做一些有意义的事情,而且还有利于他申请到好的大学。这又是况秀猛在生活中的一个双赢。

在公司经营中,这种例子也比比皆是。公司在圣何塞的一个大客户只愿意支付 1.20 美元购买价格为 2 美元的产品。我们很重视这个客户,所以必须找到解决方法以获得双赢,但如何去做?

首先,我们降低利润,然后在制造商那里,向他们教授如何使这个项目进展更快、成本更便宜的技术。但这些努力仍然不足以弥

秘诀 13 坚持双赢

补 1.20 美元和 2 美元之间的差距。

后来，况秀猛意识到这位客户还在使用另一种由罗德岛的一家公司销售的产品，而罗德岛的这家公司会需要我们的一些零件。他就跟客户说："你能跟你在罗德岛的供应商谈谈吗？现在因为价格/成本差异，我没办法给你出售这个产品，罗德岛的这家公司也将无法向你出售配套产品。但如果他们同意通过我们公司购买一些组件，我们可以勉强做到收支平衡。"圣何塞客户依言提出了这个策略，三方都为此感到很高兴。

准则就是，牢牢记住你的首要利益是生存，而不是特定订单的收益。

眼光不要盯在立马就能成交的交易上，找到持续有效的方式，长期坚持双赢。

> 准则就是，牢牢记住你的首要利益是生存，而不是特定订单的收益。
> 眼光不要盯在立马就能成交的交易上，并找到持续有效的方式，长期坚持双赢。

FROM START-UP TO STAR

20 SECRETS TO START-UP SUCCESS

秘诀 14

危机管理——如何将挑战变为机遇

秘诀⑭

危机管理
——如何将挑战变为机遇

在生活和工作中，我们会面临着各种各样的挑战。应对这些挑战的方式有可能完全改变所处的境况。作为一家公司，我们面临着许多来自客户的极具挑战性的问题。

如何避免让难题转化为危机？答案就是恪守优质客户服务的承诺——使客户满意并解决他们的问题。我们都知道，维护老客户要比开发新客户的成本低得多。以下是我们在客户带来危机性难题时所遵循的准则。

第一，及时做出回应。保证在当日解决客户的咨询、问题或服务上的要求。

在生活和工作中，我们会面临着各种各样的挑战。应对这些挑战的方式有可能完全改变所处的境况。

第二,如果客户生气或产生了对抗情绪,不要认为这是客户在针对我们。要意识到这些反应的真正含义:它告诉我们这件事让客户多么难熬。客户的强硬表现并不意味着不再会和我们做生意,当解决好那些问题后,他们会在未来给我们双倍的回报。

有时,问题源自于客户本身,但解决问题依然是我们的责任。前面提到过的一个案例:客户公司的一名员工无意将刮刀掉入了公司产品的陶瓷辊中,这导致他们的生产线被迫停止。通常情况下,需要他们将机器运回修理,但这将耗费数周时间,客户不愿意这样做。

于是我们主动提出,送给他们一台新机器,同时将旧机器运回修理,让客户不至于承受因生产停止带来的巨大损失。在寄给客户的电子邮件中,我们不得不提醒他们,机器的保修不包含此种由于错误操作带来的损害,而且更换辊机耗资巨大。

为了缓和该事故给客户带来的打击,我们以一定的折扣将陶瓷辊卖给客户。他们很高兴也很欣慰,立即接受了报价。后来,他们

秘诀 14
危机管理——如何将挑战变为机遇

购买了第二台机器,我们也修理好了旧机器。这是一个真正的双赢。

有时,问题源自于客户本身,但解决问题依然是我们的责任。

在另一个例子中,一个小型制药公司曾向我们购买了一台机器,现在想买一个更大的产品(6英寸×12英寸)。但当客户收到机器后,就不开心了,因为没有足够的电源设施。

在这位客户提出购买之前,我们已经再三确认机器的功率要求。大型机器的功率额度是220伏,而小型机器的功率额度是110伏。还有另一个问题是他们没有预料到的,由于购买的机器太大,所以为了将其搬上二楼,客户不得不拆卸部分零部件。

他们拆卸了机器,成功搬至二楼,但进行组装后,机器无法正常运转。客户在愤怒和沮丧的情绪下,打来了电话。

第二天,我们专门派了一名工程师到现场修理机器,并安装完成,然后培训他们如何能更好地操作使用机器。客户对此感到很高兴。

回来后,我们的工程师发了一份电子邮件跟进:"感谢您过去几天对我的接待,我真的很喜欢与您和您的团队一起工作。你们非常专业并注重细节。"

他接着详细讲述了电压差异给客户公司带来的挑战,以及在我们的帮助下,这些问题已经得到圆满解决。

他解释说,虽然我们收取了维修和工程师的其他技术实践工作的费用,但是在接下来的一天,我们让工程师留下来,免费教会客户的操作员工如何使用这台新机器,并且也没有让客户支付工程师的差旅费用,客户对此感到高兴,对这个结局很满意,以至于他们决定再购买一台较小的模型机。而在此之前,他们原本打算把机器退还给我们。

当客户的采购部门对其生产设备要求并不是很熟悉时,布线问题是我们在售出大型生产级型号机器时常常遇到的挑战。客户大多是小型企业,正处于扩大规模、提高生产能力的阶段。

秘诀 14
危机管理——如何将挑战变为机遇

有一位客户刚刚购买了一台大型机器,给我们打来电话询问布线问题,但这个问题难以在电话里详细解释。我们把客户需要的图纸发了过去,但是仍然有问题。

我们建议他寻找一位拥有相关证书的工程师帮助布线,但是他说找不到。这个客户的位置距离我们公司非常远,如果要派公司自己的工程师过去,可能需要数日,且交通住宿成本太大。

于是我们设法在当地找到了一位承包商,由他安装必要的布线,我们为客户付了款,所有这一切都是在 24 小时内完成的,可想而知客户的满意度有多高。

我们已多次提供以旧换新的服务。

有时,客户来找我们,询问关于旧机型的相关问题;有时候,来咨询的机器并不是公司的产品,但客户依然要求我们帮忙修理或更换零件。显然,这些问题对我们来说也是一个挑战。

公司的回应方式是询问客户是否考虑以旧换新。我们将提供一些折扣,这样他们不仅花费少了,而且还会得到全新的无故障机器。我们已多次提供以旧换新的服务。

近期刚刚处理了一宗类似的交易。有位客户发来电子邮件,询问是否可以更换他所用机器的旧辊,并要求给个报价。我们回信说:"感谢您的询价。更换三个辊的成本是3600美元,请允许我们花费几天的时间,仔细与工厂检查新辊的可用性,并更换模具。因为您目前的机型过于陈旧,新辊可能无法使用,但我们将会检查后很快告知结果。"

在邮件的结尾处,我们提到,他目前机器的最新型号刚刚赢得了著名的工程奖项,是一个更快、更强大的机器,会显著增加产量。如果他愿意以旧换新,我们会给予相当大的优惠,并说明了新机器的优点,于是他非常高兴地购买了新机型。

已经无数次看到,当客户抱着各种问题来找我们;当我们花时间和精力向客户说明问题所在,并将问题解决,告知他们所能获得的更好的生产效率和更友好的人机界面,同时给予适当折扣后,客户就会看到以旧换新的好处,并感到满意。

我们将永远与客户们共同努力,给他们最好的折扣、质量保证

秘诀 14
危机管理——如何将挑战变为机遇

和服务,特别是在已经成为我们的价值客户后。

当我们花时间和精力向客户说明问题所在,并将问题解决,告知他们所能获得的更好的生产效率和更友好的人机界面,同时给予适当折扣后,客户就会看到以旧换新的好处,并感到满意。

这个以旧换新的服务对客户和我们来说都是很大的成功,因为它帮助我们应对客户带来的难题,并为客户提供真正的解决方案,令所有相关的利益方都感到满意。

FROM START-UP TO STAR

20 SECRETS TO START-UP SUCCESS

秘诀 15
灾难与创新

秘诀⑮

灾难与创新

在人类历史上,许多灾难改变了整个世界。无论这些灾难源自人为还是自然,我们都不得不从中学习,总结经验,汲取教训,适应这些变化和突发事件,并寻找在未来防止类似的悲剧发生的方法。我们称这个过程为创新。

在历史的另一面,企业家和发明家却总是能在灾害中发现市场机会,即使是那些最严重的灾害,他们也能提出创新性的修复方法,以防止人类在未来遭受同样的痛苦。

在历史的另一面,企业家和发明家却总是能在灾害中发现市场机会,即使是那些最严重的灾害,他们也能提出创新性的修复方法,以防止人类在未来遭受同样的痛苦。

没有人能忘记美国康涅狄格州新城发生的悲剧性事件：2012年，一个不安分的年轻人在当地一所小学开枪杀害了20名儿童和6名工作人员。不幸的是，这样的事件并非个案。

自从这次悲剧发生后，同样的校园枪击事件发生了至少74起，其中35起发生在学院或大学校园。自新泽西桑迪胡克大屠杀以来，美国校园枪击事件以平均每周一次的速度发生，因此，忧心忡忡的家长和学校管理者们都在寻找方法，来更好地保护他们的孩子和学生。

有位发明家创造了叫做"子弹挡板"背包的产品，其成本大约是300美元，制造商每天平均出售100多个。这种背包重量极轻，配有保护面板，据称可以阻挡子弹，保护孩子们免受潜在的犯罪者威胁。

同样效果的其他产品还有很多，包括护身毛毯和售价1500美元的防弹教室门等——如果一个学校装配有这种铁门，教师锁上门之后，即使犯罪分子射击门锁，门也无法被打开。

另一个产品是防弹白板，售价400美元。教室的工作人员配备这种小型白板，保护其后的学生和人员免于子弹袭击，起到防弹壁垒的作用。马里兰大学东岸校区2013年购买了200多块防弹白板。

秘诀 15
灾难与创新

当然，没有人愿意看到这种产品被社会广泛需求，但这也反映了一个问题：企业家已经认识到需要设计新的产品，预防未来可能发生的灾难。

2010年4月5日，美国西弗吉尼亚州上科大矿井（Upper Big Branch）发生过一次大爆炸。据估计，全球每年由于煤矿事故造成的经济损失超过450亿美元。虽然此类灾难常常是由于人为失误而造成的，但这些毁灭性事件的发生，也警示了地下采矿的高风险特性和当前技术在处理紧急情况下的缺陷。

美国采矿安全与健康管理局表示，气体和尘埃爆炸是最重要的煤矿事故原因，而甲烷引起的爆炸事故在所有事故中尤其突出。托利山公司团队戚来博士和况秀猛因此得到启发，研制出一种能够将可燃性甲烷从煤矿中移除的技术。这是一种安全、便携、低功耗、独立的甲烷捕捉系统，将来可以在地下进行灵活部署和操作。

该系统的一个显著特征是它不是简单通过氧化反应将甲烷转化为二氧化碳，而是将其转为甲醇。甲醇是甲烷氧化的初级产品，是一个理想的产品，因为它在保留了大部分甲烷原始能源的同时，也能够满足运输和存储需求。

这项技术有效地解决了甲烷转化过程中的三个难题：安全性、能源保存和环保性。转化出来的甲醇产品还可以很容易地应用到产业中，如煤矿采掘业、石油炼油、液化天然气、化学工程和环境保护等应急领域。

该技术获得了2013年度美国联邦政府的最佳小企业创新奖蒂贝茨奖（Tibbetts Award）和世界科学技术奖（World Technology Award），并在2013年成为一项石油和天然气行业大奖的最终入围奖得主。我们相信，这项技术会得到发展，并会创造新的就业机会，在全球范围内拯救更多人的生命。

让我们转向杰西卡·林奇，她在2003年的伊拉克战争中，在没有反抗的情况下被俘虏。这名年轻美国士兵的枪被灰尘堵塞了，这个问题在中东战争中随处可见，因为中东灰尘过多，而机械被其堵塞是一个常见的问题。

况秀猛听到她的故事后，想出了一个循环净化武器灰尘堵塞的方法。举例说明，M16步枪使用的弹夹大约有30发子弹。如果最后一发子弹，也就是第30发子弹射出后，会伴以轻微爆炸，并产生压力气体清理枪膛，那么，枪膛除灰过程就可以在几秒钟内自动

秘诀 15
灾难与创新

完成,士兵无须再自己清理枪膛。况秀猛正在对此设计加以完善。

恐怖主义的威胁对发明家而言一直是一个极大的刺激因素。而在这一领域的最新创新,很完美地阻止了日后类似案件的再度发生。

2013 年 4 月 15 日,波士顿马拉松爆炸造成 3 人死亡,超过 200 人受伤。当时恐怖分子使用两个高压锅当作炸弹,在人群中引爆。这起案例向我们揭示了,在不影响日常生活的情况下,在人群中发现潜在的恐怖分子是极其困难的。

一家公司发明了一种小型轻量的手持系统,可用于探测微量的爆炸物、化学战剂和有毒的工业化学物质。另一项发明旨在发现在机场和仓库中的恐怖分子,可通过扫描人手,来检查是否有火药残渣或爆炸残留物。所有这些由悲剧带来的创新,都有可能挽救无数的生命。

传染病是另一个引发创新才华的领域。SARS(严重急性呼吸系统综合症)最早于 2003 年出现在亚洲,然后在接下来的几个月里,迅速传播到 20 多个国家。"连环发明家"霍斯特威斯(Horst

Veith）发明了一种名为"非典"喷雾的产品，可阻止病毒性感冒的发生。这个产品挽救了无数人的生命，并且为控制这个可怕的疾病做出了卓越的贡献，被广泛运用于中国和韩国的公共交通系统和机场。

任何灾难，无论多么可怕，都可以被视作创新和防止进一步灾难发生的机遇。最近发生了一则令人心碎的新闻：儿童闷死在炎热车厢内，此问题依然在等待解决方案。

这些数字令人警醒：《地球科学》和NBC新闻显示，仅美国每10天就有一名儿童死于车辆中暑，73%的儿童死者都在2岁以下。

发明家们正在筹划设计预警系统，能够检测是否有孩子在炎热的车厢内，若有，则发出警报提醒路人。也许这种预警系统会成为一个如安全气囊般的强制性车内安全设备。我们只能希望它赶快面世。

你能够以企业家、发明家的创造性眼光看待灾难吗？应该这么做。每一次灾难都包含一个可以改变未来的思想种子。

秘诀 15
灾难与创新

你能够以企业家、发明家的创造性眼光看待灾难吗?应该这么做。每一次灾难都包含一个可以改变未来的思想种子。

FROM STRAT-UP TO STAR

20 SECRETS TO START-UP SUCCESS

秘诀 16

错误与创新

秘诀 16

错误与创新

当然，并不是每一项重要创新都源自灾难。许多重大创新实际上源于意外，或来自一项发明，或药物的未经预料的副产品；其他发明家视这种副产品为失败品并将其丢弃。这种创新的实质在于透过失败，从你的"丑小鸭"之中，预想第二次可能出现的成功。

看看你的周围，倘若根据发明家原本想要完成的愿望来判断，青霉素、微波炉、可口可乐、便笺纸，都源自于错误或失败。

况秀猛在日本京瓷美国分公司担任制造工程师一职时，曾有过这种创新错误的亲身经验。在制作某个特定产品时，工程师们会在820摄氏度的高温下，把一块金属钎焊到陶瓷上。况秀猛注意到这种陶瓷金属复合片的独特属性，并出于好奇加以实验。

实验中,他不小心弄掉一块有缺陷的陶瓷金属复合片,以为它会立即粉碎,但令人意外的是,它弹跳起来,丝毫无损。他在短期内并没有进行研究,但是离开公司后,又继续进行对弹跳瓷片的实验。

他发现,当他将两个金属薄片之间的陶瓷钎焊后,瓷片产生的耐震性并不会使之碎裂,这一发现意味着它有潜力彻底改变军方所用的防弹盔甲的制造过程。美国国家科学和工程学院(National Academy of Science and Engineering)的阿伯丁陆军研究实验室(Aberdeen Army Research Lab)因此展开听证会,其成员通过不同渠道,听取况秀猛的最新成就。

任何物体在压缩应力作用下,都会变得更加强壮。

任何物体在压缩应力作用下,都会变得更加强壮。标准的陶瓷装甲可以阻挡很多子弹,但士兵依然可能被枪击致死,因为第一发子弹可能在护甲上产生裂纹,那么第二发子弹就可能在裂纹处打穿护甲。

况秀猛提出,在陶瓷的顶部和底部各加装上金属片,对陶瓷将

秘诀 16
错误与创新

产生超大压缩力。理论结果表明,护甲能够吸收掉绝大多数的子弹动能,并且不会碎裂。模拟试验显示,这将大大增加士兵在被第二发子弹击中后的生存能力。这个想法受到了听证会成员和从事相关研究的教授的极大赏识。

在科学和工程领域,我们会犯很多错误。当你犯错误时,大多数人会感觉不舒服和懊恼。但是,我们鼓励人们从不同的角度看待错误。如果犯了错误,没关系,人无完人。冷静下来,仔细深入地思考你所犯下的错误,你可能会从中发现全新的东西。

托利山公司生产三辊研磨机。这种机器通过辊旋转混合不同的材料,通常辊会向一个方向旋转。我们有一次为一家在休斯敦的客户制造机器原型,需要一个特定的叫做 VFD(变频控制系统)的仪器驱动转速。对方要求的交货期限非常紧,我们不得不做出一个艰难的选择——使用一种之前从未使用过的 VFD 仪器机型。

问题是,这种 VFD 仪器可以反向操作,而通常情况是不该出现这种操作的。由于下周一就需要交付机器,而当时已经是周五,我们几乎没有选择。周一开会时,况秀猛和张佳茵意识到他们所创造出来的实际上是一个新的特性,而非缺陷。

为什么？机器操作员的清洁布经常会在三辊研磨机运行时被卡住，而将清洁布从研磨机中取出，是一个耗时的过程。现在，他们向客户解释说，已经解决了这个问题。如果你有东西卡住，按一个按钮，你可以反转辊的方向将东西取出。这样使得清洗过程更为容易。

当我们向客户演示这原本是有缺陷的机器时，这台机器突然间有了一个新的特性，而我们是唯一拥有这种新特性机器的制造商——但请记住，它始于我们在急于交付这部设备时发生的一个错误。

T65A 型三辊机

当我们向客户演示这原本是有缺陷的机器时，这台机器突然间

秘诀 16
错误与创新

有了一个新的特性，而我们是唯一拥有这种新特性机器的制造商——但是，请记住，它始于我们在急于交付这部设备时发生的一个错误。

世界上最受欢迎的药物——伟哥，最初的设计目的是用于降血压。这种药物没有达到降血压的效果，但药物测试的志愿者告诉开发人员，他们不想把测试药物还回去，因为它增强了他们的性欲！事实上，对这种药，他们还想要更多。在这些情况下的失败者，就是那些将错误认定为失败并轻言放弃的人。

成功是为那些从不同的角度、再一次看问题的人而准备的。

FROM
START-UP
TO
STAR
20 SECRETS TO START-UP SUCCESS

秘诀 17

打造冠军团队

秘诀 ⑰

打造冠军团队

什么才是冠军团队？在公司，创建冠军团队的最重要部分就是要让你的团队成员喜欢他们所做的事情。他们觉得在日常工作中很舒适，并且享受自己的工作时间；他们的教育和专业知识与其工作岗位和工作责任相匹配；他们拥有很棒的职业导师，持续接受在职培训，并鼓励他们成长。

> 在公司，创建冠军团队的最重要部分就是要让你的团队成员喜欢他们所做的事情。

来自冠军团队的成员有动力去实现更高的目标。他们欢迎挑战，并通过征服挑战获得满足感。他们自主自立，并敢于做决定。他们是结果导向的，并乐于积极寻求解决方案。

他们寻求自我提升,并清晰地知道自己需要在哪些方面弥补自身不足。公司是他们背后的支持力量,并指导他们。他们的成就会得到适当奖励,无论是通过赞扬还是金钱奖励。

我们创造一支冠军团队的原则是什么？况秀猛一直觉得,作为领导者,其最重要的工作是从第一天开始就慷慨赞扬和积极反馈。当员工做出了一些特别的成就,就要确保每个人都能听到这件事。

例如,在开发新三辊机的过程中,材料从研磨辊侧边泄漏一直是一个技术难题。其中一个工程师沉浸于寻找解决方案之中,尝试了无数不同的方法努力解决问题。最后,他开发出一种机制,允许接料板让辊自动调节,防止材料从辊上泄漏。

在最终的一轮成功测试中,包括况秀猛在内的每个人都无比兴奋,但工程师自己却很安静,平静地站在一旁。况秀猛在大家面前为他创造性地解决了问题而称赞他。

会议结束后,况秀猛告诉这名工程师,这是一个巨大的成功,他应该为自己感到骄傲,因为他是一名非常优秀的工程师,完成了

秘诀 17
打造冠军团队

非常重要的任务。

况秀猛的谈话真的帮助工程师建立了自信,因为这使他从另一个角度看自己。他不仅仅是完成工作,而是真的证明了自己的能力。

另一个例子是我们为一个法国的巧克力制造商客户做样品测试。他们想让我们造出一台研磨机,以特定频率持续研磨巧克力豆形成的浆膏。

这是一个非常具有挑战性的任务,因为浆膏很厚,为了找到完美的设置,需要大量的试验和测量。当日正值周五,两名员工持续工作到下午 6 点半,为达到预期的效果而尝试不同的设置。他们最后找到了一个完美方案,令材料能快速处理,获得正确的分散效果。

当两名员工准备离开的时候,况秀猛还在办公室。得知他们成功地为客户找到一个完美的解决方案后,况秀猛非常兴奋。

他专程前往这两名员工的办公室,送给他们两瓶葡萄酒。这样

的感觉相当不错。当然，这不只是因为酒，而是因为他的反应显示出他对员工的重视，并使员工渴望解决下一个挑战。

正反馈是必要的。

当你想要鼓励员工接受一个挑战时，正反馈尤为必要。当张佳茵刚刚接管销售业务时，她很担心，因为她没有销售经验，担心自己会让公司业务下滑。

况秀猛鼓励她说："你一直是一个好的沟通者，总是有很棒的思路，并且是一个快速学习者。"他对张佳茵毫不怀疑，坚信她会快速学习，迅速取得工作进展。这帮助她建立了自信。

在张佳茵接管销售两个月后，公司销售业绩显著提升。此时一个大的考验来临了：美国中央情报局（CIA）对公司产品询价。张佳茵有点忐忑不安：我们仍然是一个相对较新的小公司，而这是一个重要的客户。

况秀猛对她说："去争取他们。没有问题，他们一定是你的。"这种坚定让张佳茵重审自己，她希望证明自己值得况秀猛的信任。

秘诀 17
打造冠军团队

于是，她积极联系了中情局的采购代理，并在两周内成功获得他们的订单。

> 去赞美一个已经获得成功的人很容易；但请记住，当一个员工犯了错误或工作中没有取得任何进步时，赞美、提振信心和正反馈带来的作用也是极其有益的。

去赞美一个已经获得成功的人很容易，但请记住，当一个员工犯了错误或工作中没有取得任何进步时，赞美、提振信心和正反馈带来的作用也是极其有益的。

在另一笔交易中，张佳茵在处理一家印度公司的信用证申请时错过了一个关键点。请求信上写道"不得转运"，这意味着公司不得不直接将机器从洛杉矶空运至印度，途中不得经停其他机场。但直到机器装船运出之后，她才发现条款中的这条规定。

她惶恐之极，这个错误会给公司带来极大损失吗？甚至让自己丢掉工作吗？如果印度客户拒绝支付货款，那该怎么办？

她去找了况秀猛，做好被解雇的准备，或者至少遭到一顿严厉

批评,因为自己事先没有更仔细地查看条款。相反,况秀猛只是耸了耸肩:"哦,没问题。大多数人都是好人,他们能理解人们会犯诚实的错误。你的工作做得一直很好。人无完人,这是你的第一个错误,所以不要担心。我做过信用证,以前也犯过错误,但是下次你不会犯错了,所以不用担心。现在联系客户,让他们知道情况,我们将修改条款,以便得到付款。"

张佳茵深深舒了一口气,去联系客户。他们回邮件说道,这个问题没有多大关系,将继续按照约定付款。

通过给予张佳茵对她过去表现的正反馈,以及分享他的个人经历——曾犯了类似的错误,况秀猛让她对自己感觉更好,使她自信地联系客户并解决问题。

确保每一个新员工都配有优秀的导师,这十分重要。这名导师应该在工作与意志力方面富有经验,并且能够将他的经验传递给新员工。

培训材料也很重要:公司有很棒的销售指导材料,能够让一个从未接触过销售的人员遵循正确的程序。

秘诀 17
打造冠军团队

确保每一个新员工都配有优秀的导师，这十分重要。

一个好的导师欢迎提问题并给出解决方向。公司每周都召开销售会议，随时欢迎提问，并且以案例研究的形式讨论问题。我们一起交换更有效开发潜在新客户的想法。

团队建设的另一个重要原则是，当现任员工的工作不佳时，可对他的工作做出调整。有时候，某个职位可能并不适合一个特定的人。他可能是一个好员工，工作努力，但不能取得良好进展。

对这个问题的解决方案不是裁掉他，而是在公司内找到一个能更好地发挥他的能力与教育背景的职位。

我们有一个叫约翰的同事来自香港，当他选择回香港结婚时，况秀猛认为既然他是一个很好的员工，那就要给他一个留在公司的机会。他认为如果约翰可以在香港工作，成为东南亚国家的区域销售代表，这会是一个好主意。

约翰同意了，但事实证明：他擅长修理机器、测试机器和研发新的机器，并不太擅长和人打交道、做销售。约翰对自己的工作没有取得太大进展感到焦虑，而且越来越明显的是，公司不得不做出改变：或者让他离开，或者可以在公司为他找到另一个职位。

如前所述，我们也销售烧结炉，这种类型的产品往往需要大量的实际操作工作。客户购买一个新的烧结炉后，工程师需要去他们的工厂安装设备。约翰有香港护照，这是个很大的优势，意味着约翰前往很多国家是不需要签证的。

于是，况秀猛把约翰的工作职能转为烧结炉的安装和维护，结果就是约翰环游世界为客户负责安装和测试机器。当顾客的烧结炉有问题，他会去客户的工厂进行维修。

刚开始，约翰的人际交往能力并不是很出色，但在新的岗位上，他慢慢取得了自信，并最终成为很善于和人打交道的人。一段时期之后，他实际上接管了公司原先想让他做的销售工作。只是调整了员工的工作职能，就解决了之前遇到的麻烦。

第四个原则是鼓励和支持员工在他们感兴趣的领域接受培训。在职培训是帮助员工在公司取得进步的重要一环。另一种方式是从第三方接受教育。

秘诀 17
打造冠军团队

我们公司总是鼓励员工寻找这样的机会。例如,办公室经理希望获得更正式的人力资源管理培训,所以公司非常支持她,把她送到为期一周的、专注于人力资源的项目中接受培训。

在职培训是帮助员工在公司取得进步的重要一环。

在销售部门,公司常常购买涵盖销售、市场营销和技术等方面的教育 DVD 课程。在员工会议中,我们一起研究、共同学习。公司也经常买来一些有用的书,分发给员工,鼓励他们学习新的理念和技术。

团队建设的另一个要点是通过减少员工的工作量来激励他们。这听起来有悖常理,但它对我们行之有效。在我们的公司,当你非常有经验并擅长某一任务后,这意味着你是时候继续前进了,要将工作委派他人,同时寻找下一个更高层次的挑战。这样你就能实现最快的个人成长,而公司也能受益并保持增长。

例如,张佳茵接管销售之后,她变得非常善于与客户沟通,并善于解决问题。没过多久,就显示出非常强劲的销售能力。她与人打交道时感到舒适,并热爱这份工作。

团队建设的另一个要点是通过减少员工的工作量来激励他们。这听起来有悖常理,但它对我们行之有效。在我们的公司,当你非常有经验并擅长某一任务后,这意味着你是时候继续前进了,要将工作委派他人,同时寻找下一个更高层次的挑战。

但是,况秀猛来见她,说:"现在该分派出你的工作了。你应该选择让其他人做销售,自己从销售工作中解脱出来,走向更高的层次;并看看还需要做什么,才能获得更多的锻炼。你现在可以做的不仅仅是等着其他人找到你,而是应该想出如何获得更多询价的方案,以及如何开发一个分销网络,极大地提高公司的销售收入。"

因此张佳茵斯将销售工作移交给另一个人,并重拾起她以前的市场营销工作,同时指导新的销售人员。她发现自己现在会在更高的层面思考问题了:如何找到经销商,如何最好地与销售代表和分销商合作,如何开拓更大的市场。

因为成功实施了这个政策,公司业务持续增长,变得更大更强。

让员工挑战更高水平的工作,能够确保员工不断成长,而不是

秘诀 17
打造冠军团队

做不断重复的工作。这就是我们成为 INC 5000 公司并连续 5 年成功蝉联这个头衔的秘诀。

以不同方式奖励取得成就的员工。

最后但同样重要的一点，是以不同方式奖励取得成就的员工。首先，当然是加薪。即使在经济最困难的时期，比如 2000 年初，我们依然每年坚持给员工加薪。

起初加薪幅度为 5%，当经济形势下降时，公司仍给员工加薪 2%。让员工感到自己受到重视，因为他们的努力得到了赞赏和奖励。

升职也很重要。即使员工的工作职能没有改变太多，重要的是要认可他们的工作，并将他们提升到更高水平上。每次得到升职后，员工们都感到必须要更加努力工作，来证明自己的价值。

公司也设置了员工提名奖的政策。这个政策更多意义上是精神上的奖励，用以建立员工的信心和成就感。

除了加薪之外,公司也设置了员工提名奖的政策。这个政策更多意义上是精神上的奖励,用以建立员工的信心和成就感。

况秀猛在设置员工提名奖方面非常在行:赞赏他们的社会贡献,或赞赏他们在同龄人中的突出价值。即使最终有员工没有赢得这个奖项,但仅仅在仪式上和其他人一道出现,都能更让你感觉自己像一个赢家。

团队建设意味着给予团队成员享受团队成功的理由,勇于面对自己的错误与挑战,实现自我提升的力量以及与公司共同成长的机会。看看你能做什么来建设你的冠军团队,从而让你的管理运营能力更上一层楼吧。

FROM
START-UP
TO
STAR
20 SECRETS TO START-UP SUCCESS

秘诀 18

麦克马斯特难题——人们总是下意识地回避困难

秘诀 ⑱

麦克马斯特难题
——人们总是下意识地回避困难

有没有发现,当工作中出现棘手问题时,你总会想要去绕过这个问题。即使绕过问题并不会令人满意,并且产生的工作量可能远远大于解决问题本身。

你可能听过麦克马斯特(McMaster)这个名字,它是一个大型的工业产品在线分销商。美国工业行业的很多业内人士通常会去麦克马斯特的网站挑选产品,选一些需要的螺丝或钻头之类的小零件。

几年前,麦克马斯特公司曾与美国政府发生了一些问题。他们无意中向一个被美国政府列为"禁销"名单上的国家运送了零部件,因此违反了出口法律。在遭到罚款之后,麦克马斯特公司对产品出口十分小心谨慎。

正如你所知,我们的公司会在中国大陆生产一些配件。当况秀猛去麦克马斯特网站购买所需要的钻头时,对方问道:"你打算如何使用这个工具?"况秀猛回答说:"我会用于我们在中国的工厂。"这句话带来的后果是麦克马斯特网站拒绝了这笔交易。

这只是一件小事,我们也能够轻易从别处购买到产品。但因为这件事,麦克马斯特网站把公司列入了他们的"禁销"名单。

几年后,公司的一个主要研发项目得到美国国家科学基金会的资助。这是一个美国政府资助的项目,需在圣地亚哥完成。我们需要购买麦克马斯特网站上的很多组件,联系这家公司后,却突然被告知,他们不会和我们做生意。

我们陷入了一个困难的境地。当时,公司总部在写字楼中拥有两个办公单元,但是很久以前,况秀猛将第二个办公单元转租给了朋友的公司。而这些组件并非用于出口,当时的项目只是一个美国政府合同。

我们对此事深感荒谬,但还是不得不处理。况秀猛的这位朋友提议了一个规避禁令的方案:他可以帮助况秀猛向麦克马斯特网站

秘诀 18
麦克马斯特难题——人们总是下意识地回避困难

下订单,货品将被运送到仅有一墙之隔的我们公司。

但经过多方考虑,况秀猛决定不这样做。对他来说,这种绕过问题的做法让他觉得不舒服,感觉"不正确"。

他意识到,这种做法是试图避免解决真正的难题——说服麦克马斯特网站,将公司从"禁销"名单移除,从他们那里购买组件。

公司的业务是正当业务,但现在却想着去用打擦边球的方法绕过他们的防火墙,这种做法无疑是"不正确"的。

我们收集了所有文档并向麦克马斯特网站提交,以此证明我们的合法性;承诺永远不会未经许可擅自出口网站的组件,让他们看到公司运转良好。

改变他们的想法着实花费了一段时间,但最终做到了。

这件事的教训是,在遇到似乎难以解决的问题时,与其浪费时间和精力寻找一种简单的避绕方法,还不如走艰苦途径,寻求真正的解决方案。

这种思维的另一个例子发生在况秀猛去中国拜访一个客户的时候。这个客户使用公司制造的钨铜散热片。

况秀猛在这个行业工作了20年，所以有很多专业的经验。但在会议上，他很惊讶地听到工程师们提出这个问题："该如何把真空油脂清除出组件？"

况秀猛解释道，有很多方法可以做到：使用脱脂、用肥皂、使用碱性清洁等。但他也反问对方："为什么你们想清洁这些组件？"

从他们的描述看，这位客户需要清洁的散热片数量巨大。他无法理解为什么他们要做如此大规模的清洁工作。在一番施压后，况秀猛终于得知了原因：这家公司的一些组件有泄漏问题，而他们还必须通过百分之百的真空过滤测试。

在遇到似乎难以解决的问题时，与其去浪费时间和精力寻找一种简单的避绕方法，还不如走艰苦途径，寻求真正解决方案。

况秀猛意识到，他们在试图避免解决真正的问题——泄漏。当

秘诀 18
麦克马斯特难题——人们总是下意识地回避困难

你制造电子元件时,有些情况下整个过程需要密封。密封状况需要定期检查即可,但事实上,如果你在初始密封上做得很好,应该只需要做一些测试,以确保其仍然处在百分之百的密封状态就可以。

比起直接解决泄露问题,这个客户决定用清洁组件的方式应付百分百真空过滤测试。为什么呢?因为修复泄漏可能比应付过滤测试更难。他们选择用更简单的方法解决问题。

从事技术行业的人都知道,制造一个完美的组件是极其困难的。比起直接解决产生缺陷的问题,大多数公司会说:"好吧,我们可以制造更多的组件,雇用更多的人来解决这个分拣问题。"

这不是理想的解决办法,因为你将很多不必要的生产成本加进了产品成本之中。尽管这是困难的,但是仅着眼于短期或采用避绕方法的解决方案,也并非上佳之选。

作为一个公司,你必须直面难题,并直接解决它们。有时候,我们下意识地选择忽略更大挑战,而寻求捷径。

许多小型创业公司常常遇到这种状况:如果遇到了大难题,那

么我们可以简单地选择改变方向。整个团队都会感觉良好——"嘿,现在这样做也很好,之后再慢慢处理那件难题。"

> 作为一个公司,你必须直面难题,并且直接解决它们。

很多人一直在这样做。在制造业,在家中,甚至在政府里;有时候,放手不做是比较容易的,把那个烂摊子交给下一个人来清理吧。

请看美国的移民问题就是一个应该全力解决的问题。一届接一届的国会都选择不去处理,并留给下一届国会。像美国政府这样做出讨论但并不行动的事情,如果列表的话,真的是太长了。

但作为商人,我们负担不起不理会这件事的后果。作为一个领导者,为了生存,必须完全清楚你所选择的方向,以及选择的原因。如果你发现自己想要改变方向,这时候重要的是要扪心自问:虽然这听起来是个好主意,但是你只是想要避免面对巨大的挑战。

> 作为一个领导者,为了生存,必须完全清楚你所选择的方向,以及选择的原因。

秘诀 18
麦克马斯特难题——人们总是下意识地回避困难

我们经常看到人力资源部门出现这种事情。如果有人提问关于绩效的问题,通常经理人都会试图避免讨论这个问题。

没有人想成为坏人,也没有人真的想责备他人,或给自己树敌。由于这种原因,你会看到绩效欠佳的员工一次又一次在公司内部进行调动,但在任何职位上都不能真正做出贡献。因为人力资源经理和其他人只是希望有一天,他们能够提高其业绩,而不用别人直接指出问题。

管理者要知道,这样做对公司和对员工都不会起作用。你需要狠下心来,真心诚意地展开面对面的会议。这可能让你不舒服,但是必须这么做。

大约 4 年前,公司在波士顿的一位客户购买了很多铜钨器件。有一天,该客户突然将订单数量增加了一倍。几乎是同一时间,公司在圣地亚哥的另一位客户也将订单数量增加了一倍。

在短时间内制造出两倍多的铜钨器件,这令我们的生产陷入了麻烦。我们花费了相当长的时间来解决,但最后波士顿的客户依然极其恼怒,并表示他们公司将不会再和我们做生意。

这位客户已经七十岁出头,一直受到我们的喜欢和尊敬,而且是公司非常重要的一位客户。但对方的怒气还是让我们两家公司解除了合约。

这让我们非常沮丧,也十分难受,尤其是况秀猛——他与这位客户过去的关系一直很好。

2013年,况秀猛在西雅图参加了一个大型的技术会议,许多公司都搭建了展位,包括那位与我们不欢而散的波士顿客户。

况秀猛在展区参观时,看到了这家公司的展位以及那位老先生。当时况秀猛离这位老先生大约50码远,但老先生并没有看见他。

几乎是下意识地,况秀猛转过身走向了另一边,以避免那位客户看到自己。但是,他很快停了下来:意识到自己正在试图避免与这位以前的客户碰面,是因为自己不想被看到,置于尴尬之地。但这样的反应不会让尴尬削减。

于是,况秀猛转过身重新走了过去,直面那位他一直试图避开的客户。

秘诀 18
麦克马斯特难题——人们总是下意识地回避困难

况秀猛直接走到他面前，说："自从上次交谈到现在已经过去很长的时间了。我知道您是真的生我们的气。我很抱歉。我只是想过来问候一下您。"

令况秀猛惊喜和慰藉的是，那位老先生温暖友好地回应了他，并主动握手，说他能够理解况秀猛所经历的事情。

这位老先生补充道："如果你可以控制公司业务的增长速度，那么有时生活就是极其简单的。如果保持10%或15%的业务增速，你应对起来就会轻松很多。但业务量突然暴涨到两倍，那么确实有可能搞砸。"

况秀猛原先想要避免的预料中的对抗变成了一次非常愉快的谈话。如果当初他让担忧替自己做出选择，那么这种愉快的谈话将不会发生。

> 如果当初他让担忧替自己做出选择，那么这种愉快的谈话将不会发生。

像很多人一样，况秀猛对在大庭广众下发言也有着根深蒂固

的恐惧，但他经常担任会议的组织者，安顿好每个与会者是他的责任。

况秀猛与人分享自己面对公众发言的恐惧时，已经见过他讲演的听众总是会表现出惊奇甚至怀疑的表情，因为他似乎从不紧张。

但这对况秀猛确实是一个真正的挑战——每次等待宣布自己名字的时候，他总是会手心出汗。他会一直处于紧张状态——直到自己的名字被叫出的那一刻，他站起来并开始说话。当站起来的那一瞬间，所有的紧张焦虑似乎完全消失，他会立即平静下来。

实际上，就是直面问题的恐惧让我们不敢前行，不敢寻找解决问题的途径。然而当我们敢于直接面对问题时，问题就会变得越来越简单。

事实上，当面临一个大问题时，我们的大部分恐惧是虚构的。我们在想："这太艰难了，我最好采取另一种方式。"

不要屈服于对未知的恐惧，要直面迎头而来的挑战。最终当你成功地解决了难题，从中获得的满足感将远远大于你暂时躲避难题

秘诀 18
麦克马斯特难题——人们总是下意识地回避困难

所能带来的安慰。回避问题是一个坏习惯,应该根除。

> 回避问题是一个坏习惯,应该根除。

FROM START-UP TO STAR

20 SECRETS TO START-UP SUCCESS

秘诀 19

撰写能拿到钱的项目申请书

秘诀 19

撰写能拿到钱的项目申请书

这个话题其实源于况秀猛与他好友的一次谈话，这个朋友在加州大学圣地亚哥分校拿到物理学博士学位，攻读博士后。讨论研究机会的话题时，这位朋友说："我有很多好主意，但很难得到任何研究基金会的资助。我做错了什么？"

这个朋友是一个聪明人，他认为其研究想法理应当得到财政支持。但为什么得不到资助呢？

首先，突然出现在况秀猛脑中的想法是约翰·F.肯尼迪总统说过的一句名言："不要问你的国家能为你做些什么，而是你能为你的国家做什么？"况秀猛将这句话重复说给他的朋友听，却看到对方一脸的迷惑。

"好吧,我知道这个演讲。"他说,"你想告诉我什么?"

况秀猛回答说:"这就是我想告诉你的。你有很多好想法,想让别人帮你实现,但是由于一些原因,什么事也没发生。那么,为什么没有人帮助你呢?可以说,那是因为你总是问投资者能为你做什么,而不是从另一个角度出发,你能为投资者解决什么问题?"

这种"以自我为中心"的思维是许多小企业主创业时的典型思维,尤其是在工程师和科学家们的头脑中。这种说法听起来很刺耳,但这是真实的:大多数人都以自我为中心。

另一个例子,当时况秀猛拿下了第一笔科研基金,试图雇用他的第一个博士雇员——格兰特。格兰特为锡拉丘兹大学(Syracuse)的助理教授,拥有非常好的教育背景,想加入公司。

下面就是他当时的自我介绍:"我很不错,有很多出色的想法,发表过很多文章。如果你给我一个机会,几年后,当我把所有的好想法都付诸实践的时候,我甚至可能赢得诺贝尔奖。"

这番讲话无疑以它独特的风格令人印象深刻,但未能回答在任

秘诀 19
撰写能拿到钱的项目申请书

何面试中的基本问题,也就是雇主最关心的问题:"你能为我做什么?"

作为一家公司,我们的业务不是在帮助他获得诺贝尔奖,也不是在帮助他变得非常有名。这根本就不是我们的利益所在,也不是我们雇佣员工的原因。

公司的利益要求找到合适的人来帮助完成项目,并将其商业化,而且取得成功。我们的最终兴趣是公司的成功,而不是他个人的成功。

他真正的错误在于问况秀猛能为他做什么,但并没有回答基本问题:"如果你加入我们的公司,能为我们做什么?"

况秀猛经常参加一个旨在分享想法的工程师研讨会,工程师们聚在一起讨论他们感兴趣的项目,并听取志同道合、能彼此理解的人的意见。他每周与其顾问——一位名叫山姆·李的博士会面,而他自己也是另一位工程师的顾问。

每次当况秀猛进入会场时,他都热情饱满地分享自己关于创新和产品的想法。有一次,山姆·李在听完他的想法后,开玩笑说:"你已经有解决方案,只等问题的出现。"

"什么意思?"况秀猛问道。

李博士回答说:"你有很多很棒的想法,也提出了解决方案,但问题在哪里?"

他是对的——要把况秀猛想做的事付诸实践,需要有人在另一端付出足够的钱来支撑。但未来的客户将会是谁,况秀猛当时还没有概念。

这里有一个很好的经验法则:如果你试图解决一个问题,但是没有人愿意付钱支持你,那你所试图解决的并不是一个真正的问题,它只是一个假想的问题,因为作为一个企业,必须解决一个有人愿意花钱解决的问题。简单而言,就是五个字"赚钱给我看"。

按照我们的经验,如果你做不到这一点,那最好把注意力转移到更有意义且更有利可图的事情上。你听过这样一句话吗:"如果将一把锤子交给一个两岁的婴儿,整个世界就变成了一个钉子。"如果你只有一种解决问题的方案,就会浪费大量的能量和精力去寻

秘诀 19
撰写能拿到钱的项目申请书

找它能解决的问题和资金。

如果你试图解决一个问题，但是没有人愿意付钱支持你，那你所试图解决的并不是一个真正的问题，它只是一个假想的问题，因为作为一个企业，必须解决一个有人愿意花钱解决的问题。

听了李博士的评论，况秀猛笑了。尽管这话有点令人难受，但是他说的是真理。

通常我们研发出了解决方案，但是我们还在等待问题的出现。确保在你看到客户的订单之前，不要在没人想要的解决方案上投入工作和金钱。

去跟你的客户谈谈，他才是将要买这个东西的人。或许在谈话过程中，你会发现他可能想要些不同的东西——这才是你应该着手去做的。

将你的全部天赋、艺术品位、产品部门的努力紧跟客户的需求。如果真的想成功，别给客户灌输你的解决方案；倾听他的问题,并努力思考解决方案。

当况秀猛和他那个因研究经费不到位而沮丧的朋友聊天时,他尝试着向这个朋友解释如何将研究应用到其工作中。

就在这次谈话的前几周,波士顿发生了马拉松爆炸袭击案,造成3人死亡和多人受伤。就在一周之前,纽约市还发生了因渡船撞击码头,造成多人受伤的事件,原因是船员没有专心驾驶。而况秀猛的这位朋友是激光领域的专家。

况秀猛询问他的朋友,迄今为止是如何向投资人游说提案的。基本上可以归结为:"我有一个想法,需要你的钱来让它实现。"

况秀猛认为,不能这样说。他传递给对方的信息应该是:"我拥有专业能力,而这里存在问题。这是我为解决这个问题所能做的:用于远程探测爆炸物的激光系统的提案怎么样?"

在波士顿爆炸案中,作案的恐怖分子两兄弟需要处理大量爆炸物,而 TNT 一定会产生一定的爆炸物微粒,尽管可能浓度较低。当人们通过机场安检时,有专门的警犬,检查行李中可能携带的任何违禁品：毒品、爆炸物甚至水果或肉。恐怖分子携带的TNT会在他周围形成微粒光晕，虽然肉眼不可见，但适当的科学仪器能够检测出这种现象。

况秀猛说："能使用你的激光探测技术来解决这个问题么？"他的朋友睁大了眼睛。虽然后来不确定他是否确实根据这个想法撰写了后续提案，但他听懂了况秀猛的意思。

况秀猛又给出另一个建议："可否用激光探测，防止渡船撞击码头？"无论如何，这也不是牵强附会的想法；用于汽车防撞的自动化技术早已经存在，并且大多运用于高端车型。如果车体太过接近行人或物体，雷达会发出警报："你与前方的物体过于接近了"，甚至在你作出反应之前，雷达会自动刹车，以减缓行车速度。可将类似的技术应用于创建一个渡船自动预警系统，当渡船有可能碰撞码头时，系统会通知船长需放慢船速，或者自动转弯以防触礁。

再次强调，我们讨论的是现实问题，需要现实的解决方案，并不是天上掉馅饼。

再次强调，我们讨论的是现实问题，需要现实的解决方案，并

不是天上掉馅饼。

多年来,我们接收到多笔来自美国政府和中国政府发放的研发资金。中国政府给予我们多笔研发基金;美国方面,我们收到了加州政府的两笔 EISG 专项拨款,以及数笔美国国家科学基金会的研究基金。

能得到这些资金,是因为我们遵循严谨的、试图解决问题的科学原则,而非要求政府给钱。因为我们有特别令人兴奋的技术,在应用这些技术时,我们非常清楚地向政府阐明:"我们有解决实际问题的方案。"

美国著名励志大师吉格·金克拉(Zig Ziglar)曾有句名言:"如果你能够帮助足够多的其他人先得到他们想要的东西,那么你可以拥有一切你想要的生活。"不要以自我为中心,因为你不能指望别人的感觉和你一样。

事实上,作为一个企业,如果你想获得一些收益,总是需要先确保其他人得到他们想要的东西。

秘诀 19
撰写能拿到钱的项目申请书

"如果你能够帮助其他人先得到他们想要的东西,那么你可以拥有一切你想要的生活。"

在很多领域都存在这种本末倒置的思维。例如,面试中很常见这样的情形,面试者在回答"随便谈谈你想得到的东西或你希望从工作中得到什么"时,经常会听到面试者说:"我的期望年薪是70000美元。"

正确的回答正相反。在面试中,面试者的态度应该是:"你的公司需要什么?我怎么能帮助公司满足这些需要?"这才是你的面试官感兴趣的,而且也应该是你感兴趣的。

在做销售或撰写科研基金项目提案时,我们常常倾向专注于自己想要的。"我有令人兴奋的技术,只是需要你的钱,这样就能实现我的目标。"但如果持有这种态度,凭什么有人愿意资助你呢?

所以,如何撰写能拿到钱的项目申请书呢?确保你努力发现别人的需求,尝试着解决实际问题,并提出解决方案。

> 确保你努力发现别人的需求,尝试着解决实际问题,并提

出解决方案。

这样做的提案,不管是销售提案,还是研究提案,获得批准的可能性要远远高于你走进门告诉对方"给我这笔资金,我将走上人生巅峰"的做法。

美国著名商业谈判专家查尔斯·卡拉斯（Charles Karrass）曾说,"在商业活动和生活中,你得到的往往不是你应得的东西,而是你通过谈判得来的东西。"

> "在商业活动和生活中,你得到的往往不是你应得的东西,而是你通过谈判得来的东西。"

政府对你如何推销你的提案尤为敏感。究竟这份提案将如何改善资助你的纳税人的生活？不管你有多么优秀,他们对让你出名绝无兴趣。

科学家和工程师只是热爱创新过程的本身。绝大多数科学家们都专注于令人兴奋的想法和数据,以至于忘了解答这个问题：为什么它对纳税人是重要的。

秘诀 19
撰写能拿到钱的项目申请书

非常多的研发资金申请提案会用超过一半的篇幅,描述为何这项研究如此令人兴奋,以及它将如何提高现有数据,而非精心回答为何它对资助者有意义,或试图解决的问题本身对纳税人来说是否足够重大。

在获取政府研发资金方面颇有建树的美国船业大亨亿万富豪亨利·凯泽(Henry Kaiser)在被问及成功的秘诀时透露说,其秘诀就是"寻找需求,并满足它"。

当你带着你的商业计划书去见风险投资家时,其原则也是一样的。"我有一个解决方案,只待问题出现",这种商业计划书会被放到待处理文件堆的底部,或者直接进入废纸篓。

任何商业计划都应该花费足够的篇幅,清楚阐述为什么这是一个问题,并对其进行全面分析,以及为何这个问题值得解决,谁会愿意付钱。如果可以得到这些问题的答案,你的成功概率会比阅读你的解决方案更大——风险投资家将会给你所需的资金。

"寻找需求,并满足它。"

FROM START-UP TO STAR

20 SECRETS TO START-UP SUCCESS

秘诀 20

要求更少,获得更多

秘诀 20

要求更少，获得更多

你看过全球知名的说服术与影响力研究权威罗伯特·B.西奥迪尼（Robert Cialdini）教授的《塑造影响力的六大原则》一书吗？推荐你去看看。其中的一个原则叫做"互惠"。

人类的天性是想要回报别人，偿还债务，以别人对待我们的方式对待他人。根据互惠理念，我们应当善待他人，为他人或公司创造价值，尤其是当他们在未来可能对我们有所帮助的时候。因为他们心中会有负债感，希望通过各种方式偿还人情，从而更有可能回报我们，或愿意给我们带来生意。

> 人类的天性是想要回报别人，偿还债务，以别人对待我们的方式对待他人。

有多个例子可以说明这个问题。我们在多年的运营中结识了各种各样的客户，有些是财富500强企业，有些是中小型企业，有的在某些方面获得了相当大的成就。我们为这些客户做的一件事情，就是一直支持和帮助他们获得提名奖项，如"最佳创新奖""最佳新产品奖"等，帮助他们赢得社会认可。

首先，我们写电子邮件，征求他们允许我们就某项奖项给他们提名，然后尽全力准备提名材料，并期望最好的结果。有时候，我们成功帮助客户获奖，或至少让他们进入决赛名单；有时候没有获得结果，但几乎所有的客户都十分感激我们的提名，并因此成为终身客户。

另一件我们常做的事就是写支持信。例如，有一个新的业务员收到了一封来自于他一直跟进的客户的电子邮件，对方说："我正在撰写关于生物质粉碎研究的提案。如果能得到贵公司的支持信，提案的成功率将大大提高。一旦该提案获得资金支持，双方公司应能促成多种合作。"

这个客户是一个教授，正在试图获取研究资金。当时他还没有资金从我们这里购买产品，年轻的业务员认为从销售角度考虑，这

秘诀 20
要求更少，获得更多

样做很可能没有收效。

交朋友是非常重要的，因为当他们在未来有交易需要时，会第一时间想到你。

这个业务员找到况秀猛，问是否应该花时间为客户写支持信。况秀猛回答说，这是一个经典的成本与价值的故事：时间成本。

公司当然没有义务写支持信，但多年来，况秀猛已经通过提供支持信交了很多朋友，而交朋友是非常重要的，因为当他们在未来有交易需要时，会第一时间想到你。这就是为什么销售代表应当与客户合作，写支持信，并让教授成为朋友的原因。

一封典型的支持信应该这样写："托利山技术有限公司很高兴就×××（项目名称）支持贵公司。托利山是优质低价的高科技电子产品和电子封装散热片的领先研发商，很感兴趣与贵公司合作研发技术。我们期待提案中散热片系统蕴含的巨大潜力。一旦证明提案中的散热系统是可行的，我们愿意利用完善的营销渠道配合贵公司未来的商业化。"

虽然很难说这位教授最终能否获得资金支持，并从我们这里购买产品，但与其合作并结交朋友，这是相当重要的，有可能在将来把他变成一个客户。

就散热片产品而言，有时如果客户的需求并不迫切，那么我们首先帮助客户开展业务，给客户提供散热片，这样他们就能够制造封装和其他电子设备，并提供给他们的客户。

因为我们拥有广泛的行业触角和完善的行业网络，可以为客户的业务发现新的商机，并将其介绍给他们的潜在买家，从而使客户的业务发展壮大。

我们的想法是，只要客户有强劲的增长态势，公司将可能卖出更多的产品来支持他们。同时，他们也会成为公司的忠实用户，因为我们比市场上其他供应商更有价值。通过帮助客户建立他们的业务，我们最终从这个客户那里得到更多生意。

接下来的第一个原则可以称之为"赠人玫瑰，手有余香"。最简单的形式是免费赠予东西。

秘诀 20
要求更少,获得更多

Ibex 系统技术有限公司铜钨片(CuW)和铜钼(CuMo)散热片

免费是吸引新客户和奖励客户忠诚度的非常有用的工具,例如,免费样品。在潜在买家做出购买产品的承诺之前,我们会给他们分发小包装的样品,以此来证明产品的质量和可靠性。对于设备,我们提供免费试验和示范的机会。他们可以发来材料,然后我们用设备处理,证明设备能够为客户的业务高效工作。

赠人玫瑰,手有余香。

我们还拥有专家工程师团队,能给客户提供免费的专业建议。例如客户应该使用哪种机型或辊,应该用什么速度处理材料等。对于老客户,我们提供特别的折扣。如果他们从公司持续购买产品,我们会提供非常慷慨的折扣,以保持顾客忠诚度。

除了以上方法,我们还有一些更为复杂的给予方案。例如,当首次推出 T65 型三辊研磨机时,我们提供以旧换新计划:如果客户将用过的旧机型给我们,无论机型状况如何,甚至即使是我们最大竞争对手的产品,公司都会给他们 3000 美元的折扣,用以购买公司的新机器。

这向客户证明了公司对自己品牌的信心——我们百分之百地支持自己的设备,并且为了让他们试用新机器,为他们提供了很大的优惠。

我们在中国有一个合作伙伴,是公司的烧结炉产品供应商。当他们创立二十周年纪念日即将到来之际,我们考虑了很久到底应该送什么礼物,最后决定赠送一个专门雕刻的水晶奖杯。

我们在上面刻上 "20 周年快乐",以及许多购买烧结炉产品的客户公司商标,因为这些成功象征着我们共同的努力。这个水晶奖杯漂亮得真是令人难以置信,而其上的公司商标更是令人印象深刻。这是对他们所做工作的认可。

我们派了两名工程师去他们的工厂,参加当天的周年纪念。当

秘诀 20
要求更少，获得更多

客户将奖杯摆出来时，他们非常高兴，两家公司的关系也得到了极大促进。

我们也制作了很多礼盒。这更多是真心的给予，用以感谢客户或帮助过我们的人。对于优质客户，我们会在圣诞节或重大节日之前送出礼盒；对于给予我们帮助的人，如介绍新客户或写推荐信的人，我们也同样如此。这些认可和感谢的行为，帮助我们与合作伙伴之间建立了很好的关系。

第二个原则，确保客户得到的总是超过他们支付的。当你和规模较小的公司打交道时，这样做的益处尤甚。至于大公司，他们会评估采购选项，随后即发出采购订单。但对于规模较小的公司，他们可能在投资是否明智方面争论不休。

为了帮助他们做决定，我们必须确保公司所提供的总是比他们支付的获得更多价值。有时，这不是产品的实际成本，但客户心目中感知到的价值起到了作用。

> 这更多是真心给予，用以感谢客户或帮助过我们的人。

例如，一些客户必须严守预算，在预算范围内进行工作，并且可能就购买二手设备还是购买全新设备展开讨论。这是一个典型的成本和价值的平衡。使用二手设备，客户的花费明显降低。那么，我们如何让他们愿意付出更大的投资，购买新产品呢？

我们向他们解释，二手设备通常没有保修，有时甚至连使用手册也没有。所以如果出了任何差错，没有人能提供技术支持，或帮助他们维修机器。如果机器的寿命已经是十年、二十年，一些零部件可能就不再能让机器正常运转了。

同时，我们告诉他们，如果花更多的钱购买全新机器，会获得24小时的服务。如果机器出现问题，我们会当日发送零部件，并当日到达，以确保客户的生产正常运行。延长保修条款意味着客户不必担心零部件，也不必担心客户服务。我们总是会给你提供支持。

大多数客户在评估这两项选择之后，会决定购买一台新机器，因为在他们的感知价值系统中，客户服务价值更大。

> 大多数客户在评估这两项选择之后，会决定购买一台新机器，因为在他们的感知价值系统中，客户服务价值更大。

秘诀 20
要求更少，获得更多

有时候，对于某一确定的进货价格，客户就不愿跟进，他们需要更多的价值来说服自己这笔交易值得做。所以相比于降低价格，我们有时会延长保修期。通常一年的保修会延长至两年或者三年，期间他们不用担心机器故障的问题，因为我们会一直提供服务。

我们坚信公司生产的机器在三年内不会有大问题，所以对公司来说，这几乎是零成本。如果出现问题，我们也只需要派工程师前去解决。但对客户来说，这是一个巨大的价值，因为这保证了在长达三年的时间里，客户对机器的运行都不用担心。

有时，我们也会免费赠送给客户很多在长期使用中需要的备用部件。例如，他们需要更换接料板、刀片，这些零部件会产生正常的磨损，在未来几年可能不得不重新购买。所以在客户购买机器的时候，我们会免费赠送足够使用三年的零部件。在他们心目中，这些感知价值要远远高于我们的实际成本，所以他们乐于跟进，并向我们发出采购订单。

确保你的合作者获得的比你更多，其实是个好主意。要给予分销商足够的关注。分销商是销售网络的重要组成部分。我们提供了30%的折扣给经销商，这摊薄了公司利润，但我们相信良好的利润

率是鼓励经销商做好工作并积极寻找客户的重要激励。

拥有好的经销商是非常重要的，他们有自己的营销网络，并且有自己的行业关系，能够接触特定的客户。如果他们不努力工作，那么我们就无法进一步扩大市场，所以我们愿意提供折扣产品来奖励他们的努力，同时也让他们认为我们是一个慷慨的、值得信赖的长期合作伙伴。

确保你的合作者获得的比你更多，其实是个好主意。要给予分销商足够的关注。

还有一个例子是我们和烧结炉合作伙伴的关系。我们在与 IBM 商谈一笔交易，确实非常想不惜代价让他们成为客户，因为 IBM 是一个知名品牌，如果他们同意试用公司产品，这将增强公司的市场信誉度。

为了拿到这笔订单，我们给了 IBM 相当高的折扣，但前提是不能让我们的合作伙伴做出牺牲。不能只是告诉合作伙伴："因为这是一个著名的客户，你能大幅降价，让他们购买我们的产品吗？"实际上，我们选择自己承担这个损失。

秘诀 20
要求更少,获得更多

我们以正常销售价格从合作伙伴处拿到烧结炉产品,然后分销给 IBM。虽然蒙受了损失,但是最终赢得了 IBM 这个客户,并且在市场上赢得了很高的信誉度。

这种战略背后的逻辑,是在未来赢得更多的客户,确保我们能从未来的客户那里获取良好的业务和利润率。但为了帮助自己提升市场信誉度而牺牲供应商的利益,这种做法是不正确、不公平的。

一些公司认为减少中间商,自己直接销往客户能够获得更高利润,但事实往往并非如此。我们对韩国市场的开发,就证明了这个想法有多么不好。

很多来自韩国的厂商找我们询价,但我们从来没有在韩国出售过任何产品。因为韩国市场是受保护的,非常依赖自己国家的分销商。因此,我们最终选择与一名韩国经销商合作。

我们给他 30%的折扣,而且他干得相当不错,从开始时每月一到两笔的交易,到后来销售量迅速增加。这就是为什么在某些特定地区,选择使用当地经销商而不是试图自己出售产品的重要原因。

在中国,我们同样有独家经销商,他们是该领域的专家。我们给他们提供了非常高的折扣。

根据中国经销商的销售体系,他们会找全国各地更熟悉当地市场的二级经销商。因为我们为他们提供了足够的利润空间,足以让他们给二级经销商许以良好的佣金,从而扩大了市场。

同样,在拉丁美洲,当地经销商为我们工作得很好,因为他们有语言优势。其中一名经销商由于其在拉美与当地的语言优势,不断为我们开发业务。

当你将销售团队的分销商和中间人加入到利润分配的行列时,即使利润会因此摊薄,但你也将赢得更多的销量,特别是当你努力扩大市场份额的时候。

当你开发了一些并不为人所知的新产品,很多人都不了解,那么你就需要做好准备牺牲自己的利润,聘请更多的人来推销这个产品,让更多的顾客试用你的新产品。

我们需要通过增加销量来降低成本,需要更多心感满意的顾客

秘诀 20
要求更少，获得更多

来帮助建立品牌信誉，因此这种战略非常有效。

　　通过共同努力来获得最大价值。

这就是为什么说我们可以通过共同努力来获得最大价值。通过销售团队、经销商和中间商形成的销售网络和共同努力，我们可以销售更多产品。客户们总会认为他们所得到的超过了所支付的，因此他们也感到快乐。最终，每个人都成为赢家。

创业教育,传授的不只是梦想

美国托利山科技有限公司创始人、总裁 况秀猛

加州大学圣地亚哥分校(UCSD)的 Moxie Center for Student Entrepreneurship(Moxie 大学生创业中心)因资金耗尽,于 2015 年 6 月底宣布关闭,对此我虽感遗憾,但并不惊讶。

该中心由当地慈善家 Irwin Zahn 的 Moxie 基金会捐赠百万美元建立,其目标是向学生创业公司提供资金。Moxie 大学生创业中心维持了足够长的时间,散尽所有资金,然后就没有了然后。

加州大学圣地亚哥分校也许认为,运行两年半的 Moxie 大学生创业中心是取得巨大成功的:得益于中心稳定的资助,很多年轻创新者亲眼看到自己的构想得以实现。然而,作为一名企业家,我认为这并非成功。

Moxie 中心的确促进了创业精神,但其运行模式却像是个慈善机构,因为该中心在投资学生企业的同时,没有寻求任何回报率。对于年轻的创业公司来说,这难道不是一个很好的教训?

附 录
创业教育，传授的不只是梦想

从Moxie中心的例子来看，它没有向处于萌芽阶段的企业家教授两项最基本的生存技能：理解"双赢"，以及如何预测利润和亏损。

我在美国辅导过很多雄心勃勃的年轻企业家，我知道这一问题并不局限于加州大学圣地亚哥分校。可悲的是，在美国各地商学院的孵化器项目中，相同的教育问题普遍存在。

商业中"双赢"意味着从交易中走出来的双方彼此都感觉获得了真诚的对待。当然，你也可以向用户赠送产品，获得很多好评，但是你的业务注定不会持续很久，就像Moxie中心一样！

或许你以为，对于一个教授学生如何创业的项目，告诉学生们如何预测盈利和亏损应该是其基本理念之一。那可就大错特错了。

在我指导的MBA学生中，不乏美国名牌大学的毕业生，他们中有些人几乎弄不清楚如何应对工资税、工人工资和其他基本开支。曾经有一名学生，在他的商业计划中，慷慨地给自己12.5万美元的年薪。当我和他坐在一起把账算下来，显示他大概只能支付自己5万美元的年薪时，他惊呆了。他缺乏最基本的对经营管理费用的理解与预测知识。

我遇到的另一位学生，也是一名美国名校的MBA毕业生，不清楚如何制定零售价格。他很惊讶地知道，如果和沃尔玛这样规模的零售商合作，他能获得的净利会那么少。很难想象，在今天美国

的商学院中,没有人来教 MBA 学生不得不面对的财务现实。

太多的美国商学院专注于向超大型企业和华尔街领军企业培养和输出商业人才,但这些学院却没有提供足够的教育和引导,鼓励学生走出校园后自己创业。

在今天的中国,情形却大不一样!如今的中国商科院校能充分提供基础知识教育,向学生传授如何经营中小企业以及如何创建一个能够真正盈利的公司。

中国想在尽可能短的时间内,让尽可能多的人摆脱贫困。他们知道,帮助小企业,就能帮助大量的社区。可为什么如此多的美国高等教育机构却无法掌握这样一个简单的道理?

作为一名企业家,我第一次创业成功的所在地在美国,我深信美国商学院更需要创业教育。当美国的学生第一次进入真实的商界时,创业教育将是对他们更为有用的教育。

为此,在圣地亚哥的美国陶瓷学会和国际微电子与封装协会,我们正在发起一个实习生计划,服务于刚从加州大学圣地亚哥分校(UCSD)毕业不久的学生。

该方案刚刚起步,我们正在与 UCSD 积极合作,确定潜在的候选人。该计划将毕业生与当地公司配对,并进行为期一个月的带薪实习,公司不需要出钱。该计划将向每个学生名额捐助 1000 美元,用于支付实习生一个月的津贴。如果公司决定在一年之内聘请该实

附 录
创业教育，传授的不只是梦想

习生，则聘用公司将为该实习生计划捐助 3000 美元。此举将大大有助于其他毕业生取得实习机会。

我们的目标是尽可能多地帮助刚走出校门的毕业生。如果没有这些机会，大部分企业可能会迟疑是否要聘用这些毕业生。同时这种运作方式也让这一计划可以自我持续。而最为重要的是，我们希望该计划可以帮助未来的企业家茁壮成长，让他们在进入现实商业世界时，对基本的商界游戏规则有最基础的了解。

（注：本文发表于 2015 年 8 月 18 日出版的《华尔街日报》。该文发表后，社会反响较大，美国斯坦福大学、加州大学圣地亚哥分校、克莱姆森大学、扶轮国际社等机构和组织，纷纷邀请况秀猛进行讲座交流）

后 记

时光匆匆,转眼就到了2015年岁末。

在本书即将付梓之前,我们向本书的总策划郑健先生和江涛女士表示深深的感谢。没有两位老师的各种细致把关和努力推动,这本中文书的出版不会如此顺利。

在美国时间长了,英文写作比中文利索。第一次拿到中文书的译稿后,才真正体会到翻译者背后的默默努力。谢谢金涛老师的审核和修改,胡昱与马敏鸿的初步翻译。

这本中文书在准备出版的过程中,还尝试了社交出版这一出版新方式。2015年11月初,本书在赞赏网站发布不到一周的时间里,就完成了125%的赞赏任务。谢谢赞赏网站张磊先生的帮助和

后 记

各位参与本书赞赏的朋友们。我们因书结缘,而且因为有了你们的热心赞赏,本书才得以更好地出版面世。

我们的书还很荣幸地得到中国企业资本联盟(CECU)杜猛主席和常红霞女士的大力支持并作序言,在此表示深深感谢。

此外,全中国大概有 12 万况姓人氏,是中华民族大家庭中一个不可或缺的小家庭。我们非常感谢中华况氏联谊会各位宗亲的支持并作序言,感谢况勋泽、况璃、况兆明、况宝湘、况德胜、况开鸣和况文忠等本家提供了重要的精神支持。

同时也谢谢我们在国内的合作伙伴——合肥恒力电子装备公司,我们在国内的工厂——江苏鼎启科技有限公司,和托利山科技公司的各位同事们,在此一并感谢。

最后,还要感谢默默站在我的身后、一路陪着我的妻子和两个儿子,正是有你们作为坚强的后盾,我们才能一起白手起家,共度风雨,携手一生。

况秀猛

写于美国加州圣地亚哥

2015 年 11 月 12 日